Métodos para curar la Procrastinación, Mala productividad, y Pobre Gestión del tiempo

Aprende a Superar la Procrastinación con una simple ecuación, Creada para aumentar la concentración, Hipnosis, y Más Trucos que NECESITAS Conocer

Por Felipe Rojas

Tabla de contenido

Tabla de contenido
Introducción
Capítulo uno: Procrastinación decodificada

Efectos de la Procrastinación
¿Por qué Procrastinamos?
Estrategias para vencer la procrastinación como un jefe

Evitar Convertirlo en un Ciclo de Arrepentimiento y Culpa
La técnica de cinco minutos
Dividir tareas más grandes en hitos más pequeñas
Consigue un compañero de tarea
Optimiza tus entornos
Abandona la Mentalidad de la excusa
Elija una canción para la Procrastinación
Cree un Blog de responsabilidad
Crea la tarea de la que has producido como un borrador
Priorizar las tareas
El Juego de recompensas y castigos
No esperes a estar de ganas
Superar la procrastinación a través de la hipnosis
Abordar el dialogo interno negativo
Usa la ley de Parkinson

Efectos de la baja Productividad

Ganancias reducidas
Baja Moral

Consejos para aumentar la productividad

Usa el Método Pomodoro
El principio de Pareto 80-20
Sacar el mayor provecho a tus Horas Productivas
Coloca Todas las tareas similares juntas
Aprender a decir N O

Siestas de poder
Eliminar interrupciones
Optimiza tu escritorio para la productividad
La atención plena, conciencia y Limpieza de la Mente
La atención plena se enfoca completamente en el presente de una manera deliberado e intencional sin juicio. Aumenta tu conciencia sobre el presente mientras te hace sentir uno con la tarea que estás realizando actualmente.

Trucos de memoria para aumentar la productividad
Herramientas y aplicaciones de productividad
Establecer metas
Propósito de la vida
Híper Enfoque en una sola pregunta Tarea

Capítulo Tres: Gestión del Tiempo
Conclusión

Introducción

"La autodisciplina comienza con el dominio de tus pensamientos. Si no controlas lo que piensas, no puedes controlar lo que haces. Simplemente, la autodisciplina te permite pensar primero y actuar después". - Napoleon Hill

Haz pequeñas ejercicios los próximos días. Observa a las personas que a menudo se quejan de no poder lograr sus metas no poder comenzar, no avanzar en su vida profesional y nunca tener el tiempo suficiente para hacerlo todo. Escruta su estilo de vida, hábitos, horarios y patrones de trabajo. En la mayoría de los casos, descubrirá su incapacidad para cumplir con los objetivos o avanzar en la vida está estrechamente asociado con la falta de gestión del tiempo, la procrastinación, y la mala productividad. Estas son algunas de las principales causas de fracaso o incapacidad para lograr las metas.

Alguna vez te preguntaste por qué algunas personas logran incluir mucho en su agenda, mientras que otras luchan por lograr tan poco a pesar de que todos tienen 24 horas en un día. ¿Alguna vez te preguntaste por qué algunas personas logran a tener un equilibrio perfecta entre trabajo y su vida personal, mientras que otros se estrellan? ¿Alguna vez te preguntaste por qué algunas personas siempre logran terminar su trabajo a tiempo mientras que otras luchan por cumplir con los plazos? La gestión del tiempo es la clave.

No hay forma de que seas rico y / o exitoso sin dominar los secretos de la gestión del tiempo y la productividad.

Hubo una vez un gran emperador que escuchó historias admirables sobre un maestro artesano de la espada. Se creía que el artesano de la espada estaba a la par con Picasso cuando se trataba de ingenio artístico. Habiendo escuchado sobre su maestría en la artesanía, el emperador convocó a sus guardias para encontrar al artesano y llevarlo a las cámaras del palacio.

Los guardias comenzaron a buscar al maestro forjador de espadas por todas partes y finalmente lo rastrearon su pista hasta un pequeño pueblo en las afueras de la ciudad. Tal como lo ordenó el emperador, lo llevaron a los aposentos del emperador.

El forjador de la espada saludó al emperador con gracia y humildad, y el emperador le devolvió su saludo de una manera igualmente cortés y respetuoso. El emperador luego le hizo una pregunta al artesano. "Oh, genio artesano de la espada, ¿cuál es el verdadero secreto de tu ingenio, maestría y excelente destreza? " Sin dudarlo un momento, el artesano de la espada respondió:" Desde mi infancia, he estado expuesto al fino arte de la fabricación de espadas, y lo sentí como una pasión. Se convirtió en una segunda piel, muy parecida a la respiración. El arte rara vez funcionaba con lógica o inteligencia. Se comunica con el alma estableciendo una conexión más profunda. Desde mi infancia, decidí que iba a ser un maestro forjador de espadas. Observé a los mejores forjadores de espadas a mi alrededor, pasé todo mi tiempo leyendo libros sobre el forjamiento de espadas, y practiqué el forjamiento de espadas cada vez que tenía la oportunidad. Si algo no tenía nada que ver con la fabricación de espadas o no se pareciera a una espada, no perdería tiempo para ello. Este es el verdadero secreto de mi destreza. "

Deja que esta poderosa parábola se imprima en tu psique. En esencia, esta es la fórmula secreta para el éxito y la gloria. Vivimos en un mundo atiborrado con distracciones, interrupciones y actividades superfluas. Sin siquiera darnos cuenta, desperdiciamos valiosos recursos de tiempo en actividades sin sentido, como navegar por nuestras redes sociales, navegar por la red sin rumbo, chatear por teléfono y otras cien acciones inútiles. Casi se siente como si estuviéramos operando en piloto automático, y sin pensar en varias direcciones sin siquiera querer hacerlo. ¡Esto invariablemente nos vuelve en hambrientos de tiempo y resultados! Nunca tenemos suficiente tiempo para hacer nada o para mostrar la productividad porque enfocamos nuestro tiempo, energía, intención y atención en actividades improductivas.

¿Cuáles son los seis aspectos más importantes de tu vida? Puede ser cualquier cosa, desde tu familia hasta tus objetivos de viaje o un deporte que practicas o tu negocio. ¡Hay seis aspectos o atributos de tu vida que te apasionan o que definen tu vida! Recuerda, estas son cosas que tienen un profundo significado o valor en tu vida. Una vez que hayas identificado estos seis aspectos, enfoca tu tiempo, energía, atención e intención a su alrededor.

Deshazte de todo el desorden y el caos que no se alinean o resuenan con estos seis aspectos tan importantes en su vida. Este será el verdadero secreto de tu productividad, la experticia, el éxito, y la gloria. Veo mucha gente súper talentosas, calificadas e ingeniosas no lograr el éxito del que son capaces debido a la mala gestión del tiempo, la baja productividad, y la procrastinación. Si navegas en el mismo barco, te tomaré de la mano y le daré la vuelta al juego presentando varios secretos de gestión del tiempo, trucos de productividad y formas inteligentes de superar la procrastinación.

Observa cómo algunas personas pueden no tener mucho talento, habilidades o capacidad. Sin embargo, debido a sus habilidades de gestión del tiempo superlativo, productividad y disciplina, son capaces de lograr mucho en la vida. Es la disciplina y la actitud que les trae el verdadero éxito.

¿Has notado personas en tu lugar de trabajo que se quejan de que no tienen suficiente tiempo para hacer nada son los que se aburren fácilmente, pasan una gran parte de sus horas productivas en juegos virtuales o navegando por las publicaciones en sus redes sociales? Esto los deja agotados cuando se trata de concentrar su energía y esfuerzo en actividades significativas.

Este libro te lleva a través de varias estrategias prácticas, reales y aplicables (no solo otra sobrecarga de autoayuda poco realista) que puede comenzar a aplicar de inmediato para reducir las malas prácticas de gestión del tiempo, superar la procrastinación y aumentar la productividad.

La mejor manera de aprovechar al máximo este libro es comenzar a implementar un par de estrategias a la vez y dominarlo antes de pasar al siguiente. Con solo leer el libro y sentirse cargado por el aumento de la productividad no te dará resultados a menos que realmente lo implemente. Comienza a usar estas técnicas aplicables de inmediato y usa las que le funcionen bien.

Puedes acercarte a mí y decir: "oye, pero siempre estoy ocupado" y mi contra-pregunta será "¿y con qué estás ocupado?" ¿Estás ocupado haciendo cosas que están alineadas con los seis aspectos o metas más importantes en tu vida? ¿Estás ocupado haciendo cosas que agregan más valor para ti y la vida de los demás? ¿Estás ocupado siendo productivo? La verdadera pregunta es, ¿con qué está ocupado o en qué dedica su atención, tiempo e intención?

Observe cómo algunas personas lo convencerán de que son súper productivas porque siempre se ven ocupadas. Los encontrará preocupados con sus computadoras o dispositivos portátiles. El hecho de que alguien parezca ocupado no implica que sea productivo. Puedo estar jugando mirando videos entretenidos de YouTube durante horas en mi teléfono y parecer ocupado. Puedo navegar sin rumbo en la web y parecer ocupado. De nuevo, ¿en qué estás ocupado es la pregunta clave? ¡Ocúpate construyendo tus seis espadas!

A las personas a menudo les resulta cada vez más difícil dar un paso atrás y observar de manera racional y objetiva cómo están ocupando de su tiempo. Si te pregunto si estás siendo productivo, tu podrías decir, "Por supuesto, termino mi trabajo en 4 horas y juego las próximas 4 cuatro horas. Soy productivo". ¿Estás utilizando estas ocho horas sólidas y preciosas para contribuir a tus objetivos generales? ¡Por supuesto no! Estás ofreciendo tus horas más productivas y mejores a objetos brillantes que mordisquean lentamente y destruyen tu energía, tiempo, concentración e intención. Este libro le ofrece información sobre cómo resistir estos objetos brillantes y centrarse en las cosas que importan.

A partir de hoy, cada vez que te encuentres alejado de los seis objetivos o aspectos más importantes de tu vida, vuelve a la historia del forjador de espadas. Dedícate a las seis cosas más relevantes y valiosas en tu vida (¡deja que Netflix y Xbox no estén entre las seis cosas más valiosas en tu vida!). En una nota más seria, colócate entre el 1 por ciento de los expertos que se centran en cosas que realmente importan.

Saca el coraje de decir un firme no a las personas y las actividades que activan tu racha improductiva. Decir no a las cosas que no encajan con tus valores, metas, y las prioridades. Reúne la fortaleza para rechazar actividades que se ven brillantes e irresistibles desde el exterior pero huecas y fútiles desde el interior. Esta es el verdadero mapa de la ruta hacia la riqueza, el éxito, la gloria, y el conocimiento sobre la vida. Las personas y los líderes exitosos no son personas con insignias y títulos elegantes. Ellos son los que son productivos, demuestran habilidades de gestión del tiempo impecables y luchan contra la procrastinación para lograr resultados estelares.

Hagamos otro ejercicio divertido y rápido. Agarra un bolígrafo y papel. Escribe los nombres de 15 personas que admira o te inspira más. Si se te diera la oportunidad, estas serían las personas en cuyas vidas les gustaría modelar tu propia vida. Puede ser cualquier persona inspiradora y digna de admiración, desde tu estrella pop favorita hasta un emprendedor, un líder mundial o tu propio jefe o compañero de trabajo. ¡Cualquier persona que realmente te parezca asombroso! Tómate el tiempo y piensa cuidadosamente.

Ahora revise su lista para identificar un hilo o punto común que se presente en la mayoría de estas personas. Por supuesto, son todas las personas que admiras. Sin embargo, ¿cuál es el rasgo o característica común que los hace dignos de admiración? Mi apuesta es la autodisciplina.

El éxito a largo plazo y la autodisciplina a menudo se conjugan en la misma oración puesto que la autodisciplina está estrechamente relacionada con la capacidad del individuo para ser productivos, enfocados, y orientados hacia la tarea. Hay muchas posibilidades de que la mayoría de las personas en tu lista sean buscavidas altamente productivos que saben cómo sacar el máximo provecho de sus 24 horas.

Siguen haciendo cosas, logrando una meta tras otra, se centran en cosas que importan y siguen un estilo de vida dirigido por la autodisciplina. Ellos son los que exploran nuevos horizontes, siguiendo hábitos altamente efectivos y logran sus metas a través de la autodisciplina.

A menudo observo a las personas quejándose de por qué el mundo es tan injusto y por qué a pesar de ser súper talentosos y hábiles, nunca pueden lograr el éxito y la gloria de las personas que pueden no tener la mitad de talento que ellos. La respuesta es: probablemente no hayan dominado el arte de la gratificación tardía. No están dispuestos a superar sus límites y el sacrificar los placeres de corto plazo por recompensas de largo plazo. No están dispuestos a utilizar cada parte de su tiempo libre conscientemente hacia un objetivo más útil. Es posible que no posean al disciplina para soltar objetos brillantes a su alrededor para perseguir objetivos más grandes y más significativos. Si se pregunta por qué no tiene el elegante auto deportivo nuevo conducido por su deportista favorito o $ 10,000,000 en su cuenta como su ícono de entretenimiento favorito, esta puede ser la respuesta. No está preparado para pagar el precio que están pagando a través de la autodisciplina, siendo excepcionalmente productivo y retrasando la gratificación.

Como entrenador, autor y mentor, paso varias horas a la semana hablando con personas sobre autodisciplina y productividad. La gente a menudo viene a mí y me pregunta: "Entonces, ¿cuál es, en tu opinión , la salsa secreta del éxito?". Por mucho que me gustaría tener la respuesta para esta pregunta universal, no hay una poción mágica o salsa secreta para éxito. Es un proceso gradual. Lograr el éxito, la gloria y el dominio de la vida es más como cocinar sus comidas en una olla de cocción lenta que en un microondas. Si utiliza la estrategia de microondas de entrada y salida rápida, lo más probable es que experimente un éxito temporal que no dure. Sin embargo, si quieres el éxito a largo plazo, tiene que prepararse como un fino café, lleno de sabor o deliciosas comidas a fuego. No hay atajos ni autopistas para el éxito. El éxito a largo plazo es un camino lleno de disciplina, enfoque, habilidades de gestión del tiempo y una mayor productividad. Para el éxito a largo plazo, tienes que atenerte a tus seis espadas.

Junto con un cambio de mentalidad, también debes provocar una transformación en tus hábitos diarios y estilo de vida. La riqueza, el éxito, la gloria y el dominio vida es un cultivo cuidadoso de la autodisciplina, hábitos llenos de energía, y un modo de pensar alimentada positivamente. ¿Te estás cableando para el éxito? ¿Tus hábitos diarios, prácticas de gestión del tiempo y patrones de autodisciplina te están orientando hacia la productividad y el éxito?

¿Alguna vez has sido testigo de uno en el campo de atletismo? La diferencia entre el tiempo del atleta en la primera posición y el atleta en la segunda posición es a menudo una fracción de segundo. Sin embargo, las apuestas varían enormemente entre la primera y la segunda posición. Mientras que el ganador puede llevarse a casa una gran cantidad de dinero o varios premios, el atleta en la segunda posición tiene que lidiar con premios o gloria de menor valía. Las fracciones de segundo de diferencia entre los dos atletas determina quien será recordado y honrado, y quien, muy probablemente será olvidado por la gente. Esta fracción de segundos de diferencia a menudo puede ser el factor decisivo entre el éxito y el fracaso.

Recuerdo una conversación que tuve con un conocido hace unas semanas. Mencionó que uno de los factores más importantes que contribuyen al éxito general de una persona es estar en el lugar correcto en el momento correcto. Simplemente tienen suerte porque hay millones de personas talentosas y calificadas que nunca experimentan este nivel de éxito. Recuerdo que vocalicé cómo ser afortunado puede ayudarte a tener esa oportunidad de tener éxito. Sin embargo, para mantener ese éxito y gloria, a largo plazo, tendrá que ser más que afortunado. Sin habilidades de gestión del tiempo, mayor productividad y un mecanismo de afrontamiento para superar la procrastinación, es posible que no pueda mantener el éxito.

Las personas exitosas muestran habilidades de gestión del tiempo excepcionalmente buenas, asumen la responsabilidad y rinden cuentas por sus acciones y trabajan en el desarrollo de una mentalidad basada en soluciones. Tienen la capacidad de prorrogar la gratificación o de intercambio placeres a corto plazo por ganancias de recompensas a largo plazo. Las personas exitosas demuestran increíble moderación, el autocontrol y la dedicación, manteniendo sus ojos fijos en el panorama general.

Ya sea que vaya a ser difícil poder renunciar a los placeres a corto plazo o seas un ganador que se lo lleva todo, centrándose en las recompensas más grandes está en sus manos solo. ¡Eres el único responsable de tus elecciones y destino! Recuerda, el éxito no es un fenómeno de la noche a la mañana. Se construye cuidadosamente a través de hábitos, mentalidad, pensamientos y un plan de acción.

Cada minuto del tiempo que están despiertos se dedican a ser productivos. Están trabajando febrilmente hacia su destino, construyendo un bloque a la vez.

Dime algo. ¿Estás satisfecho con el lugar donde se encuentra actualmente en tu vida? ¿Realmente has logrado el éxito y la gloria que mereces? ¿Estás viviendo tus sueños o simplemente estás en piloto automático? Si no, es hora de una reprogramación importante y cambios en los hábitos cotidianos. Te sorprenderá lo mucho que se puede lograr al hacer pequeños cambios graduales en tus hábitos cotidianos, patrones de pensamiento y mentalidad.

No estoy hablando de una farsa de autoayuda que se ve bien solo en papel. Estoy hablando de pasos reales, funcionales, prácticos y factibles que pueden ayudarlo a escalar alturas inimaginables. Estos son hábitos que las personas han usado para transformar su vida 360 grados. Al adoptar estos 20 hábitos poderosos, desbloquearás la clave de tu verdadero éxito y gloria. Liberarás tu máximo potencial para llevar una vida exitosa, rica y gloriosa.

Estos hábitos están diseñados para racionalizar los esfuerzos, inculcar más disciplina en tu vida y ayudarte a lograr el éxito que mereces. Estos están probados para aumentar su energía, productividad, pasión y entusiasmo hacia tus objetivos.

¿Sabía que alrededor del 40 por ciento de todo nuestro comportamiento es impulsado o canalizado por nuestros hábitos? Si todavía está pensando por qué todavía no has sido testigo del éxito y la gloria que mereces, es hora de hacer un balance de tus hábitos diarios y habilidades de gestión del tiempo.

Las 15 personas cuyo estilo de vida, el éxito, la gloria, los autos, las casas, la fama, etc., más admiras, se levantan a las 5 de la mañana, hacen ejercicio o meditan, establecen tareas y fechas límite para el día, ¡y esencialmente hacen que las cosas pasen! No es probable que los encuentre navegando por la web sin parar o pasando horas en las redes sociales mirando la vida de otras personas. Están constantemente ocupados, haciendo cosas o aprendiendo sobre diferentes maneras de mejorar su juego o ser más efectivos / competentes en lo que hacen.

Dedican cada segundo del tiempo que están despiertos a ser más productivos y eficientes. Estas son personas que trabajan febril y apasionadamente para crear su destino, ladrillo por ladrillo.

¿Estás realmente satisfecho con la vida que estás viviendo actualmente? ¿Has logrado el éxito que eres capaz de alcanzar o mereces? ¿Estás viviendo una vida que soñaste o simplemente estás funcionando en piloto automático? Si la respuesta es no, este es el momento para una reprogramación importante en tus habilidades de gestión del tiempo y tus hábitos diarios. Te sorprenderá por todo lo que puedes lograr haciendo pequeños cambios, graduales y con propósito en tus hábitos diarios.

Esta no es una farsa de autoayuda descabellada, sino técnicas reales, accionables y factibles que pueden ayudarlo a ampliar su juego a niveles inimaginables. Estas son estrategias que han transformado la vida de las personas. Con la adopción de estas estrategias de gestión del tiempo, productividad, y superación de la procrastinación, no sólo desbloquearás la clave del éxito, la riqueza y la gloria, sino también liberarás tu potencial para disfrutar de una vida de éxito. Estos hábitos y estrategias racionalizarán tus esfuerzos, inculcarán más disciplina en su vida diaria y te ayudarán a lograr el verdadero éxito.

Aquí encontrará todo lo que necesita saber sobre la gestión del tiempo de acción, el aumento de la productividad, la superación de la procrastinación y el camino hacia el éxito.

Capítulo uno: Procrastinación decodificada

No pretendo saber la receta perfecta para el éxito, pero la receta para el fracaso o desastre es una criatura siniestra llamada procrastinación. Da un paso atrás y piensa en todas las cosas increíbles que aún no has logrado debido a la tendencia a posponer hacer las cosas en lugar de hacerlo de inmediato. Los enfoques y palabras típicos utilizados por los procrastinadores incluyen: "¿Cuál es el apuro?", "¿Por qué no se puede hacer esto más tarde?", "¿Por qué no empiezo esto cuando tengo más conocimiento, dinero, tiempo, etc.? "Y otras razones similares para justificar su inacción. La procrastinación es la némesis número uno de la productividad.

Quiero imaginar este escenario solo para entender el impacto de la procrastinación en nuestra vida diaria. Es temprano por la noche del viernes y no puedes esperar para salir del trabajo para el fin de semana. El reloj parece estar funcionando en modo sobre marcha, y tienes una fecha límite que cumplir antes de retirarte durante la semana. Te maldices por no comenzar a trabajar en el proyecto antes. Si no presentas el proyecto a tiempo, corres el riesgo de incurrir en la ira de tu cliente, por no mencionar caer a la vista de tu gerente y compañeros de trabajo. Lo último que deseas es ser visto como un trabajador poco confiable al que no se le puede confiar con grandes proyectos.

Con esto en mente, terminas el proyecto de manera rápida, apresurada y desordenada. El objetivo es terminar el proyecto en lugar de hacerlo bien. Como era de esperar, el resultado es un desastre absoluto. El gerente ha enviado tu proyecto de nuevo para su revisión y lo quiere a primera hora del lunes. Esto significa que ahora terminarás gastando más del tiempo y esfuerzo necesarios para rehacer el proyecto, probablemente incluso sacrificando tu tan esperado viaje para acampar el fin de semana con amigos.

Consideremos otro escenario. Tiene una reunión importante con un cliente programada para la mañana. En lugar de preparar la ropa, la presentación, y los equipos para la reunión, pasas una gran parte de la noche anterior viendo Netflix o con juegos en tu consola. Lo siguiente que sabes es que terminas levantándote tarde (uy, olvidé configurar la alarma). A continuación, con ojos aturdidos, sobresaltado, e irritable, empiezas a cazar tu ropa en tu armario desorganizado (¿quién tiene el tiempo para organizar los armarios?) Para darte cuenta de que la ropa que habías pensado ponerte hoy está arrugada. No hay tiempo para planchar, así que te la pones tal como está, y ahora comenzará la monumental caza de tu memoria USB en un montón de documentos, papelería, y el desorden en tu escritorio que habías planeado organizar algún día.

Te vas corriendo con ropa que no está planchada. Encuentra la memoria USB pero sales de tu casa sin desayunar porque estás quedándote terriblemente corto de tiempo. Estás tratando de sostener la computadora portátil con una mano mientras intentas agarrar las llaves del auto con otra cuando la computadora portátil se estrella en el suelo. Casi al borde de un colapso, simplemente recoges lo que puedes y te diriges al auto. Te alegra finalmente llegar a la oficina a pesar de los problemas iniciales. Sin embargo, estás cansado, con hambre, sueño, y con ropa arrugada.

Esto te pone aún más nervioso y sacude tu confianza. Mientras presentas, te preguntas si las personas están mirando su ropa arrugada o tu imperfecta apariencia. ¿Se están centrando en lo que estás hablando demasiado impresionado como para siquiera escucharte? ¡Como era de esperar, la reunión es una pesadilla!

Ahora compara este mismo escenario con hacer las cosas de manera más organizada y oportuna. ¿No serían las cosas dramáticamente diferentes si todo se hubiera hecho de manera rápida y proactiva? Pensando en mantener su ropa planchada y lista la noche anterior. Colocando tu memoria USB en un cajón reservado para dispositivos y periféricos tecnológicos. ¿Qué tal repasar por toda la presentación para anticipar preguntas específicas, objeciones y discusiones que el cliente pueda presentar? ¿Qué hubiera pasado si hubieras estado más alerta y hubieras puesto la alarma a tiempo y dormido temprano? Te habrías despertado a tiempo, te sentirías renovado y rejuvenecido para afrontar el día. Habrías comido un desayuno saludable y nutritivo para darte la energía para ser más productivo y eficiente. La presentación hubiera ido realmente bien.

La procrastinación es más grave de lo que creemos. No se trata simplemente de retrasar pequeñas cosas o tareas. Es la ramificación largo plazo de este hábito de retrasar o posponer las cosas en nuestra productividad, la generación de riqueza y éxito. Estos retrasos inofensivos terminan consumiendo tu productividad y éxito.

La procrastinación es un terrible destructor de la productividad. Es una trampa que dirige sus energías hacia tareas que no tienen ningún valor. Tiene el poder de devastar tus objetivos, las posibilidades de éxito y la vida si no se toman por los cuernos.

A menudo encuentro personas que confunden la procrastinación con la pereza, que no es lo mismo. La procrastinación es, por el contrario, un proceso activo en el que elegimos hacer una acción intrascendente y derrochadora sobre una acción valiosa y decidida que deberíamos estar haciendo.

Esencialmente, la procrastinación es un hábito o patrón de hacer tareas menos urgentes o de baja prioridad sobre tareas más urgentes o de alta prioridad. Las tareas de baja prioridad son preferibles a las de alta prioridad simplemente porque la primera es a menudo más placentera o más fácil de hacer. Por lo tanto, las tareas importantes y de alta prioridad se dejan para después y se mantienen en pendiente. Para ser clasificado como procrastinación en su sentido más verdadero, debe ser contraproducente, sin sentido y debe implicar retrasar una tarea. La procrastinación puede definirse como el retraso voluntario de un curso de acción intencional o proyectado a pesar de la conciencia de estar peor debido al retraso.

Si bien la pereza está marcada por una sensación de inactividad o falta de voluntad para entrar en modo de acción, la procrastinación consiste en ignorar o posponer tareas aparentemente fastidiosas, incómodas o inconvenientes que deberíamos estar haciendo en lugar de actividades más placenteras y agradables. Por ejemplo, en lugar de trabajar en un informe de investigación cuya fecha límite se acerca pronto, pasas el tiempo almorzando y viendo una película en el cine con amigos. En lugar de estudiar para un examen crucial, pasas tiempo viendo tu programa de televisión favorito porque lo primero es aburrido, menos placentero y requiere más esfuerzo. Si eres un procrastinador, te sientes atraído por estas actividades de gratificación instantánea en lugar de tareas productivas y significativas que agregan valor a sus objetivos o tu vida en general.

Los procrastinadores son personas que luchan para retrasar la gratificación, como resultado de lo cual son testigos de poco éxito en la vida. Si está centrando en forma miope por los placeres a corto plazo en vez de recompensas a largo plazo al posponer tareas de alta prioridad e importantes simplemente porque no ofrecen el placer inmediato o la comodidad, están reduciendo sus posibilidades de éxito.

Es un ciclo desafortunado e incómodo porque infunde mucha culpa y arrepentimiento en el procrastinador, lo que nuevamente reduce la productividad y nos lleva a metas perdidas. Durante un período de tiempo más largo, tiene el poder de desmotivarte, molestarte y desilusionarte. Esto puede generar muchos problemas, incluida la pérdida de un trabajo o la pérdida de negocios en casos extremos. La procrastinación es el monstruo feo que es capaz de evitar que cumplas tus objetivos. Si quieres enfrentarte a este monstruo antes de que destruya tu vida, sigue leyendo para saber más sobre las técnicas que se pueden usar para combatirlo.

Recuerda, los seguidores de metas no posponen las cosas para más tarde. Persiguen sus sueños y metas con gusto.

Efectos de la Procrastinación

Perder el tiempo y retrasar las tareas puede afectarlo tanto a nivel personal como profesional. La procrastinación tiene como resultado un mayor nivel de estrés, una sensación abrumadora de culpabilidad, la crisis de no alcanzar los plazos de último minuto y la pérdida extrema de la productividad. Los proscrastinadores están a menudo en el extremo receptor de la desaprobación social y profesional por no cumplir con los compromisos, las metas , y las responsabilidades. Desafortunadamente, esto puede conducir a una mayor procrastinación, por lo que es un ciclo desafortunado.

Para algunas personas, el estrés originado por la postergación termina siendo un motivador para entrar en modo de acción. Sin embargo, esto a menudo se caracteriza por intentos de justificar este retraso, lo que fomenta más del mismo comportamiento en el individuo. Por ejemplo, puede usar la procrastinación para ponerse a trabajar rápidamente en una fecha límite en el último minuto. A esto le siguen las justificaciones de que trabajar con menos estrés no le permite ser tan eficiente como cuando trabaja con mucho estrés o presión. Esta creencia lleva a reforzar la procrastinación y, por lo tanto, deja tareas importantes para el último minuto. Mientras que casi todos los uno de nosotros dilata, hasta cierto punto, la intensidad o grado de la procrastinación varía de persona a persona. Para vencer este monstruo productividad, uno tiene que elevarse por encima de los intentos para racionalizar o reducir que la procrastinación sea aceptable en cualquier manera o forma.

Aquí hay algunas formas en que la procrastinación puede afectarte

1. Perder muchas oportunidades.

Piensa en todas las oportunidades que has desperdiciado debido a su incapacidad para aprovecharlas de manera rápida y oportuna. ¿No deseas darte un golpe por perderte oportunidades porque estabas ocupado enfocándote en tareas de baja prioridad o menos importantes? Podría haber sido una oportunidad que te cambiara la vida, pero se perdió debido a la tendencia a posponer las cosas.

La mayoría de las oportunidades y posibilidades que te pueden cambiar la vida vienen sólo una vez. Puede que no logres tener otra oportunidad para apoderarse de ellos y sacar provecho de ellos. Hazte un gran favor y aprovecha estas oportunidades antes de que desaparezcan.

2. Perder tiempo valioso .

Una de los mayores daños de la procrastinación es perder valiosos recursos de tiempo. Lo más lamentable es que cuando te das cuenta de que has perdido mucho tiempo y que nada ha cambiado en los últimos años. Imagina la devastación de darse cuenta de que podrías haber hecho algo valioso y productivo hace unos años si no hubiera postergado o que tu vida hubiera sido muy diferente ahora si hubieras tomado medidas en el momento adecuado. El tiempo no puede retroceder. Nunca recuperarás el tiempo que has perdido, lo que te hace sentir impotente, miserable y arrepentido.

Pocas cosas son más frustrantes que saber que has perdido un tiempo precioso, y que las cosas podrían haber sido mucho más diferentes si hubieras hecho las cosas correctas en el momento correcto. Te mereces más que eso. Vive la vida de tus sueños usando tu tiempo de una manera productiva y decidida. No es de extrañar, entonces, que los procrastinadores sean personas menos exitosos que tienden a desempeñarse mucho peor que sus pares más productivos orientados a la acción y disciplinados. Los procrastinadores funcionan por debajo de su potencial.

Mientras que los triunfadores trabajan duro, buscan oportunidades, retrasar la gratificación, e invierten tiempo en aumentar sus conocimientos y / o la eficiencia, los procrastinadores desperdician horas viendo televisión, con juegos, haciendo el tonto en las redes sociales y, en general manteniéndose distraídos.

3. Incapacidad para cumplir las metas.

La procrastinación te golpea con toda su fuerza cuando se trata de lograr sus metas y objetivos. Puedes poseer un deseo abrumador de cambiar tu vida o lograr un mayor éxito o gloria. Sin embargo, sin dar el primer paso en la dirección de alcanzar sus metas o transformar su vida, rara vez alcanzará estas metas o alcanzará la gloria / destino que se mereces. A menudo, ese primer paso es todo lo que hace la diferencia.

Los procrastinadores tienen problemas para dar el primer paso, a menudo justifican su retraso en hacer las cosas por falta de tiempo, el dinero, las condiciones del mercado, el clima, el calentamiento global, y casi cualquier cosa que se pueda imaginar! A veces, los procrastinadores se preguntan por qué es tan difícil para ellos hacer algo que anhelan. Mire más profundamente para identificar la causa raíz de su resistencia. Puede ser una obsesión con la sobre-perfección o pensar que aún no estás listo para comenzar o que no tienes el conocimiento adecuado para dar el primer paso. Puede ser el miedo al fracaso o el miedo a ser ridiculizado por otros. Identifica la causa raíz de su resistencia a dar el primer paso.

Fijamos metas debido a un profundo deseo de mejorar nuestras vidas. Si no puedes hacerlo debido a la procrastinación, estás destruyendo tu oportunidad de llevar una vida más fructífera, satisfactoria y gratificante. Identifique la causa fundamental de su procrastinación si le impide cumplir sus objetivos, y rara vez los alcanzará.

4. Arruinando tu carrera .

La forma en que trabaja invariablemente afecta su vida profesional y sus resultados. ¿Cuánto puedes lograr? ¿Cuál es la calidad de tu desempeño? ¿Eres capaz de cumplir objetivos y plazos? Tal vez flaqueas cuando se trata de cumplir con los plazos y metas mensuales debido a la procrastinación. Es posible que estés haciendo cosas al final de tu fecha límite, matando así la calidad. Esto puede obstaculizar tu rendimiento general, vida profesional y carrera.

Es posible que no te consideren para ascensos o, lo que es peor, puede perder su trabajo. Aunque puede no arruinar sus perspectivas inmediatas y puede permanecer oculto por un tiempo, sin duda impactará tu carrera a largo plazo. No permita que la procrastinación menoscabe o devalúe tu rendimiento y carrera innecesariamente. ¡Hazte cargo de tu tiempo y productividad!

5. Autoestima reducida

Pocas cosas matan tu autoestima como la procrastinación. Este es un círculo vicioso y desafortunado en el que puedes sentirte atrapado. Proctastinamos debido a la baja autoestima (puede retrasar algo porque cree que no es competente o no tiene los conocimientos suficientes para hacerlo bien). Sin embargo, la procrastinación no solo refuerza esto, sino que lo reduce aún más.

Empiezas a dudar de tus habilidades. Puede comenzar a preguntarte qué te impide cumplir tus objetivos o realizar tareas. En tu desesperación, puedes decir: "¿Por qué demonios no puedo hacer esto?"

Y todos sabemos cómo la baja autoestima puede destruir nuestras vidas. Estamos retenidos por una razón desconocida donde terminamos sintiéndonos desmotivados e incompetentes. Pensamos menos sobre nosotros mismos de lo que lo idealmente debería ser que, por lo tanto, allana el camino para las acciones de auto-sabotaje. La procrastinación lento pero sin pausa, se alimenta de nuestra confianza, la autoestima, y el sentido de la auto-valor. Si te identificas íntimamente con esto, céntrate en la construcción de tu autoestima en vez de operar con la ilusión de que deberías hacer algo o que tu sentido de auto-valor depende de lo que haces puesto que en ocasiones esto puede conducir a hacer cosas para las que no estás listo.

6. Reputación dañada.

No hay ninguna vuelta de hoja. La procrastinación perjudica su reputación como pocas otras cosas. Cuando haces un compromiso y no lo cumples, pones en juego tu reputación. A nadie le gustan las personas que ofrecen promesas vacías. Además de dañar su sentido de auto-valor, también daña tu reputación. En breve, empezarán a perder la confianza, la credibilidad, y la autoridad. Las personas no te encontrarán confiable, serio y auténtico cuando se trata de cumplir tareas, cumplir promesas o asumir responsabilidades. Una vez que dejas de sorprenderte a ti mismo y a los demás, se hace más fácil seguir postergando. Algunos procrastinadores tienden a pensar que las personas ya saben y creen lo peor de ellos, lo que los lleva a una mayor procrastinación. Las personas siempre dejan de depender de ellos y dudan en ofrecerles oportunidades porque les preocupa que, como procrastinadores, los decepcionen, mientras que tendrán que hacerse cargo de las consecuencias.

Quiero decir, pregúntate si confiarías en alguien que siempre está postergando una tarea o tarea importante. ¿Confiarías en esta persona para cumplir con sus responsabilidades o cumplir su palabra? ¡Altamente improbable! Entonces, ¿cómo esperas que la gente confíe en tu palabra como un procrastinador habitual?

El incumplimiento de plazos, la falta de responsabilidad, y promesas no cumplidas pueden afectar tu vida personal también. A nadie le gusta estar en una relación con alguien que constantemente pospone tareas importantes y de alta prioridad. No se refleja bien en el sentido de disciplina y estilo de vida de una persona.

7. Problemas de salud.

La procrastinación está estrechamente relacionada con problemas de salud mental como ansiedad, estrés, depresión, etc. La procrastinación continua puede conducir a la frustración y la depresión. Durante un período de tiempo, esta depresión afecta múltiples áreas de la vida. Si eres un procrastinador habitual, durante un período de tiempo experimentarás mucho estrés y ansiedad, especialmente en tareas donde otros están involucrados o hay mucho en juego.

Investigaciones revelan que el estrés y la ansiedad no solo nos afectan mentalmente sino también a nivel físico. Por lo tanto, la procrastinación engendra estos asesinos silenciosos para causar daños irrevocables a tu salud.

Otra forma de ver cómo la procrastinación afecta tu salud es cuando perpetuamente pospones chequeos, citas , y ejercicio. El problema empeora mucho durante un período de tiempo hasta que tu experiencia tiene graves consecuencias. Al final del día, la procrastinación es un hábito que es difícil de romper o eliminar.

La postergación puede conducir a la falta de sueño y a una prisa frenética por cumplir con los plazos. Esto te agota física y mentalmente.

8. Tomar malas decisiones .

Como procrastinador , tiendes a tomar mala elecciones y carecer de autocontrol. La mentalidad con la que operas es casi siempre el caldo de cultivo para tomar malas decisiones. Cada vez que procrastinamos, tomamos decisiones basadas en factores que no existirían en primer lugar si no fuera por nuestra tendencia a postergar. Por ejemplo, debido a la procrastinación, es posible que tengas que tomar una decisión rápida sobre algo bajo una presión tremenda porque el tiempo corre. La tensión, la presión, y la falta de tiempo, a menudo te llevan a hacer decisiones incorrectas o sesgadas. Realmente no tomarías la misma decisión si tuvieras una semana para decidir o si tuvieras 10 minutos para decidir. Posponer tareas y decisiones lleva a tomar una decisión bajo una situación estresante y de alta presión.

Las emociones influyen en gran medida en la mayoría de las decisiones que ejercemos y la procrastinación afecta la forma en que nos sentimos en gran medida. Mala toma de decisiones, a su vez, viene con un montón de consecuencias negativas que pueden afectar nuestro funcionamiento, la felicidad, la vida, las relaciones, y los resultados. Según cómo te sientas, es posible que no tomes la mejor decisión o termine tomando una decisión apresurada.

¿Por qué Procrastinamos?

Identificar la causa raíz de precisamente por qué procratinamos puede ayudarnos a atacar el problema desde sus raíces. Las personas pueden procrastinar por una variedad de razones, por lo que un enfoque único para todos puede no funcionar cuando se trata de resolver el problema de la procrastinación.

A veces, las personas ni siquiera se dan cuenta de por qué procrastinan y terminan sintiéndose cada vez más estresadas o ansiosas. Una vez que llegue al fondo de por qué retrasa las tareas, hay una buena posibilidad de que pueda tomar más control del tiempo y la productividad.

Estas son algunas de las razones más comunes por las que las personas se demoran.

1. Tareas desagradables o aburridas .

Todo es diversión y juegos todo el tiempo. Las personas que tienden a procrastinar las cosas pueden buscar gratificación instantánea y estimulación en todo lo que hacen, lo que les hace elegir tareas interesantes y que otorgan placer inmediato sobre aquellas que pueden no ofrecer gratificación instantánea o que no son interesantes, tediosas, desagradables, etc. aunque a menudo son importantes y / o de alta prioridad. Piense en hacer ejercicio, lavar la ropa, terminar de escribir un proyecto y hacer compras navideñas. Puede que estas no sean las tareas más emocionantes, pero deben hacerse de todas maneras.

El aburrimiento y la falta de estimulación son uno de los mayores predictores de la procrastinación.

2. Pensamiento excesivo u obsesión por la perfección.

No tengo nada en contra de las personas que aspiran a ser perfectas o analizar las cosas hasta el más mínimo detalle. Sin embargo, el problema comienza cuando esta obsesión por la perfección y sobre analizar les impide tomar acción. Algunas personas desarrollan una especie de inercia debido a su inclinación por la perfección. Están tan aturdidos por su necesidad de perfección que no pueden avanzar en la dirección de sus metas y objetivos.

Consideremos un ejemplo. Digamos que deseas lanzar un blog para padres para ayudarlos a hacer frente a las alegrías y las luchas de la crianza de los hijos. Ahora, en lugar de hacer una lluvia de ideas sobre temas valiosos para el blog que atraerán a muchos seguidores leales, te enfocas en si atraerás suficientes lectores o si habrá suficiente revuelo en las redes sociales. Al pensar, imaginar, preocuparse y asumir, realmente no estás llegando a ninguna parte. Sólo sabrás que contenido funciona y genera ruido o lo que no, cuando lo pongas a funcionar.

Simplemente estás reemplazando el tiempo que puede usarse para una acción productiva con un pensamiento excesivo y una inclinación inútil por la perfección. La tendencia a pensar demasiado a menudo ahoga una idea hasta que muere lentamente.

A veces, en nuestro entusiasmo por la perfección, le damos a una idea más tiempo del que merece, lo que hace que se quede atrás. Deje de lado esta enfermiza obsesión por la perfección si quieres dejar de procrastinar las cosas. Examinar las cosas hasta el más mínimo detalle o pensar en los errores que has cometido en el pasado son factores que te detienen a la hora de tomar medidas. Pon la pelota en movimiento y luego determina tu dirección en función de las recompensas y obstáculos que se te presenten. Una vez que pongas las cosas en movimiento, eventualmente sabrás qué dirección tomar. Las cosas pueden revisarse, modificarse y adaptarse en función de la respuesta que genere tu acción.

Pero pensar demasiado o dudar de cada acción no te lleva a ninguna parte. Cuando no haces nada, no sabes nada. No hay ideas o aportes para trabajar.

A veces, noto que las personas establecen estándares imposiblemente elevados para sí mismos. Comienza con metas pequeñas y luego ve subiendo en lugar de matarte con objetivos prácticamente imposibles e intimidantes.

Si por casualidad eres un perfeccionista confeso, puede ser difícil actuar a menos que sepas que estarás absolutamente satisfecho con los resultados. Esto a menudo se convierte en un desafío cuando se trata de probar algo nuevo, único o diferente a lo que haces habitualmente porque ahora no conoces los resultados. Debido a una mentalidad perfeccionista profundamente arraigada, seguirás preocupándote por poder lograr los resultados finales deseados mientras logras nuevas metas que eventualmente te llevarán a un estado de inacción.

Una cosa es estar orgulloso de su trabajo y otra totalmente distinta es utilizarlo como combustible para alimentar su inactividad. No tengas una imagen mental poco realista del resultado final. Debe estar dentro de los niveles de expectativa razonable si no tomarás acción. Cuando estableces expectativas altísimas y poco razonables, lo más probable es que no alcances el nivel de perfección que deseas porque no hay acción en primer lugar. El problema es que cuando sabemos que no podremos lograr lo que deseamos, no hacemos nada porque es más fácil que aceptar cualquier cosa menos que la perfección.

La perfección excesiva conduce a la procrastinación al llevarte a posponer las tareas hasta que creas que puedes lograrlas con perfección. En cierto modo, esto puede ser similar a la del miedo al fracaso porque no se intenta algo por miedo a no hacerlo bien o no. Excepto en caso de obsesión con la perfección, temes no poder alcanzar tus altos estándares.

Acepta que no hay nada como la perfección, y puedes avanzar hacia ella tomando medidas, evolucionando y aprendiendo de tus errores. Si alguien más está evaluando tu trabajo, tu idea de perfección será diferente a la de ellos. Si tomas medidas, tienes muchas posibilidades de tener éxito. Sin embargo, al no tomar acción debido a una obsesión con la perfección, nunca van a llevar a cabo el tan deseado perfeccionismo.

Volvamos rápidamente a nuestro ejemplo original. Supongamos que en lugar de analizar en exceso o pensar demás, puedes trabajar creando algunas publicaciones para el blog para padres basadas en tu idea de lo que quieren los lectores. En lugar de jugar a adivinanzas, tomas medidas concretas. Escribes algunas publicaciones en las redes sociales para promocionar el blog. Sin embargo, los blogs no logran generar el ruido o el número de lectores deseados en las redes sociales. Ahora ya sabe lo que no funciona o que necesita modificar tu estrategia.

Tal vez, dirígete a padres primerizos a través de una publicidad pagada dirigida a público más pequeño y selecto para construir una grupo leal d de seguidores? ¿O tal vez incluir piezas basadas en opiniones junto con contenido informativo y fáctico? ¿Captas la idea? A menos que tomes acciones, realmente no sabes qué funciona y cómo ajustar su estrategia cuando algo no funcione.

Supera la necesidad de controlar todo postergando las cosas para más tarde. No avanzarás mucho si te sientas en la costa y tratas de descubrir la profundidad del mar. Debe tomar algunos decisiones / riesgos calculados y sumergirte en el agua para medir su profundidad, y luego planificar tu curso de acción.

Desafortunadamente, las cosas no pueden posponerse para siempre. Al postergar, busca ejercer un control excesivo sobre sus tareas, incluso si eso significa no realizarlas.

3. Baja autoconfianza.

Una de las mayores razones por las que la gente procrastina las cosas se debe a una baja auto - confianza. Dudan de su capacidad para lograr algo o realizar una tarea. Pueden operar desde un sentido de baja autoestima o baja opinión sobre sus habilidades que les impide actuar. La baja autoconfianza provoca una evasión de la acción, lo que conduce a oportunidades perdidas y oportunidades para mejorar sus habilidades y conocimientos.

Por ejemplo, un estudiante con baja autoestima o un bajo sentido de auto - valor puede evitar inscribirse en cursos de matemáticas de nivel más avanzados porque él / ella no puede creer que tienen las habilidades matemáticas necesarias. Esta elección puede privarlos de la oportunidad de aumentar sus habilidades y conocimientos aritméticos. Por otro lado, alcanzar objetivos aumenta su confianza en sí mismo y deja la puerta abierta para establecer objetivos aún más desafiantes (lo que eleva aún más su nivel de confianza en sí mismo)

4. La pereza.

A veces, las personas posponen las tareas o postergan hacer algo debido netamente a la pereza. Simplemente no se sienten motivados y dispuestos a hacer algo y se ven superados por la necesidad de hacer cosas que no requieren mucha acción o esfuerzo. Habrá una tendencia a elegir las cosas que requieren menos esfuerzo y son más de naturaleza pasiva como ver la televisión o navegar por internet a pesar de que estos no son una alta prioridad o tareas importantes. La pereza genera inercia o inacción, lo que nos impide realizar tareas con prontitud.

Observa cómo cuando le preguntan a los procrastinadores por qué no están haciendo algo que les gustaría decir "simplemente no tienen ganas de hacerlo". No está bien pasar horas mirando televisión en lugar de completar una tarea importante o lavar los platos. Un respiro ocasional aquí y allá está bien, pero retrasar habitualmente las tareas debido a la pereza es una preocupación seria que debe abordarse.

5. Miedo al fracaso .

El miedo al fracaso es otra causa común de la procrastinación. Los procrastinadores evitan el fracaso o hacen lo incorrecto al no hacer nada, lo que es peor. El fracaso puede enseñarte algunas lecciones valiosas. En el peor de los casos, te ofrecerá información sobre qué no hacer o cómo algo no funciona o cómo hacer las cosas de manera diferente, que sigue siendo información importante. No puedes fallar donde no haces nada.

Esto está en funcionamiento a partir de un punto de vista muy estrecho, limitado, e improductivo. No es el pensamiento orientado al crecimiento. Enfrenta tu miedo al fracaso para ayudarte a combatir la inseguridad o aprende a lidiar con ella. Desarrollarás una perspectiva más amplia, ganarás más experiencia y crecerás como persona al actuar y fracasar en lugar de no actuar y ahora crecer. ¿Por qué imaginar lo peor? No puedes fallar en absoluto. Al intentarlo, al menos te estás dando una pequeña posibilidad de tener éxito. Sin embargo, al no tomar medidas, no tienes absolutamente ninguna posibilidad de tener éxito.

Cuando temes los efectos del fracaso, muestras poca inclinación a tomar medidas. De hecho, tiene la garantía de no fallar si no intentas nada. Sin embargo, esto no es muy diferente a no comenzar. La procrastinación puede ofrecer un alivio temporal del miedo al fracaso. Se utiliza como mecanismo de defensa para protegerse de la posibilidad de un fracaso real en contraste con el fracaso subjetivo que viene con no hacer nada en absoluto.

Esto solo se puede cambiar entendiendo que el fracaso no es absoluto o fatal. La mayoría de los errores se pueden solucionar, y la mayoría de las veces tendrás otra oportunidad de rectificar los errores. Por supuesto, no emprenderás una tarea con una mentalidad de fracaso. Sin embargo, acepta que pueden ocurrir errores y que avanzar más allá de ellos es parte integral del proceso de crecimiento y desarrollo.

Entrénate para comprender la incapacidad de actuar y darte la oportunidad de tener éxito es peor que la ejecución y el fracaso. Cuando fallamos, tenemos la oportunidad de aprender de nuestros errores. Sin embargo, si en primer lugar, ni siquiera lo intentas o actúas, entonces, no tienes nada que mostrar.

6. Baja energía.

Otra razón común para la procrastinación son los bajos niveles de energía. Cuando no te sientes física y mentalmente animado lo suficiente como para hacer algo, puede deberse a la falta de energía. Se puede, a su vez, ser atribuida a un estilo de vida poco saludable. Es posible que no estés durmiendo lo suficiente, consumiendo una dieta equilibrada y nutritiva o haciendo ejercicio. Es posible que no estés recargando tus baterías disfrutando de unas buenas 7-8 horas de descanso cada día. Estos factores juegan un papel muy importante en tu capacidad para levantarte del sofá y tomar acciones.

Si deseas ser más activo, productivo y eficiente, hazte cargo de tus hábitos, salud, y el estilo de vida. Esta causa de procrastinación es fácilmente identificable y puede rectificarse con una acción inmediata. A veces, queremos ser más activos o productivos, pero nos falta la energía para hacer más en nuestros días. La mente puede estar dispuesta (puede que no sea un problema de mentalidad a diferencia de otras causas de procrastinación) pero nuestro cuerpo o niveles de energía física pueden no apoyar nuestro espíritu mental.

Esta causa puede rectificarse fácilmente provocando un cambio en tu estilo de vida. Use diferentes patrones de sueño, alimentación y ejercicio para identificar un equilibrio que funcione bien para ti cuando se trata de aumentar la productividad y la eficiencia. Comienza haciendo cambios positivos en tu estilo de vida. Aumenta tus niveles de energía comiendo bien, durmiendo lo suficiente, haciendo ejercicio y recibiendo ayuda médica cuando sea necesario.

7. Falta de enfoque o concentración.

La falta de enfoque es una causa común de procrastinación. Si te siempre sientes inmóvil o sin dirección, careces de propósito, concentración, y enfoque. Si no estableces ninguna meta, no sentirás un sentido de propósito. En ausencia de objetivos o plazos para trabajar, puedes sentir que simplemente estás flotando o caminando sonámbulo por la vida.

Ten un propósito claro en la vida. Seguramente terminarás sintiéndote sin dirección si no trabajas con objetivos u metas claras. La falta de enfoque te hace sentir sin dirección o sin propósito, lo que lleva a la procrastinación. Si no estableces ningún objetivo, lo más probable es que carezcas de concentración.

Cuando no hay un enfoque, no puedes engancharte en un punto final claro. En cambio, gastarás tu energía en el presente, lo que no tendrá mucho impacto en la productividad a largo plazo o en las metas futuras. Tenía un amigo que sufrió este problema en su adolescencia. No tenía objetivos convincentes que alcanzar ni metas que cumplir. Él estaba extremadamente incongruente y desordenado de un objetivo a corto - plazo a otro. No fue hasta que aprendió como fijar objetivos eficientes que pudo combatir la procrastinación, y lograr más con su vida.

Establece algunos objetivos inspiradores y alcanzables. Una vez que se logren, sube la barra para establecer metas aún más altas. La barra debe ser lo suficientemente alta como para empujarte a la acción, pero no lo suficiente como para desanimarse por el fracaso. Mantener la motivación, la pasión, y conducir con vida. Los objetivos te alientan a tomar acciones en la dirección correcta y evitan que te decepciones por no lograr lo que inicialmente te propusiste lograr.

8. Sensación de estar abrumado .

En momentos en que tenemos mucho que hacer, nos sentimos abrumados ante la perspectiva de terminarlo todo. Esto puede llevarnos a un estado de entumecimiento o inacción a la hora de comenzar cualquiera de las diversas tareas. En nuestro intento de ser superhéroes multitarea, perdemos enfoque y la eficiencia. Cuando asumes varias cosas a la vez, no puedes concentrarte e imprimir energía en una tarea, por lo que te sientes estresado y abrumado por la posibilidad de completar todo.

No vivas bajo la sensación de que estás haciendo más al asumir demasiadas tareas o realizar múltiples tareas, en lugar de eso, enfócate en abordar una tarea a la vez de manera eficiente y productiva antes de pasar a la siguiente. Serás más productivo y eficiente si te enfocas en una sola tarea a la vez. Una de las principales causas de la procrastinación es tener que hacer demasiadas cosas a la vez y no saber por dónde comenzar debido a una sensación convincente de estar abrumado.

9. Incertidumbre sobre dónde comenzar .

Consideremos un ejemplo similar a lo que discutimos anteriormente en el capítulo. Desea comenzar un blog rentable y de alto tráfico que narre tus aventuras de viaje para disfrutar de una fuente alternativa de ingresos o generar ingresos pasivos y al mismo tiempo desarrollarte en tu pasión por los viajes. Sin embargo, no sabes dónde y cómo comenzar.

No sabes en qué nicho de viaje específico enfocarte (viajes de aventura, viajes de mascotas, viajes de comida, viajes a la naturaleza) o cómo configurar un blog y comenzar a publicar en él. Es posible que no sepas cómo acercarte a los anunciantes o monetizar tu blog de viajes. Todo lo que has leído sobre comenzar un blog en Internet se siente como una sobrecarga de información. No sabes exactamente dónde y cómo comenzar. ¿Cuál es el primer paso que se debe tomar? ¿Debería registrar tu nombre de dominio y obtener alojamiento web?

¿Deberías estar haciendo una lluvia de ideas sobre temas y proponiendo ideas de temas para el blog? ¿Debería comenzar a viajar o hacer una crónica de viajes pasados? Simplemente no sabes cómo empezar. En tal escenario, la incertidumbre sobre dónde comenzar puede llevarte a procrastinar las cosas. Puede retrasar el inicio del blog hasta que sienta que sabes todo sobre cómo iniciar y ejecutar un blog. Hasta entonces, simplemente puedes seguir leyendo sobre ello, mientras tratas de descubrir la mejor manera de comenzar.

Estrategias para vencer la procrastinación como un jefe

Evitar Convertirlo en un Ciclo de Arrepentimiento y Culpa

La procrastinación lleva a un sentimiento de culpa y arrepentimiento que lleva a una procrastinación aún mayor. Se convierte en un círculo vicioso y desafortunado de inacción y falta de productividad. Cuando descubras que has estado procrastinando, perdónate y sigue adelante. Evita quedar atrapado en un ciclo de culpa interminable. Recupérate y ten listo tu plan de acción. Deja de obsesionarte con las acciones pasadas (o más bien las inacciones) y comienza a hacerlo. Nunca es demasiado tarde para organizarte. Puedes comenzar hoy y vencer la procrastinación como un profesional.

Evita el diálogo interno negativo como "Debería haber hecho esto antes" o "Hubiera terminado mucho más si hubiera comenzado antes" o "No he logrado hacer mucho". Esto aumenta la intensidad de la procrastinación y empeora el problema.

Según investigaciones, nuestra capacidad de perdonarnos por actos pasados de procrastinación nos impide procrastinar tareas en el futuro. Además de esto, aumenta nuestra responsabilidad y productividad.

Si estás constantemente abrumado por la culpa y el arrepentimiento de no haber logrado nada en el pasado, vives allí.

Sin embargo, si reúnes la fuerza para perdonar tus acciones pasadas y seguir adelante, aumentarás tus posibilidades de ser más productivo y hacer las cosas. Canaliza tus esfuerzos productivamente en el futuro en lugar de reflexionar sobre el pasado.

De hecho, usa la procrastinación a tu favor. Identifica lo que te hizo procrastinar en primer lugar. ¿Era miedo al fracaso, el agotamiento o la obsesión con la perfección / sobre análisis o algo más? Una vez que identifiques la causa raíz de la procrastinación, será más fácil manejarla en el futuro.

Por ejemplo, si identificas que fue la falta de rendición de cuentas o de alguien a quien responder lo que te llevó a hacer las cosas, busca un compañero de rendición de cuentas (una persona de la que será responsable por el progreso relacionado con un objetivo específico) o crea un blog de rendición de cuentas. Para aumentar la responsabilidad, puedes publicar tus objetivos en las redes sociales. Actualizar los hitos, desarrollos, y el progreso a medida que los logran. Nadie quiere ser visto como una persona que no cumple con sus compromisos. Esto te empujará a ir tras tus objetivos

Si identificas que fue un profundo miedo al fracaso que te condujo a la procrastinación, toma medidas para sentir menos miedo y más empoderamiento mediante el aumento de tus conocimientos y habilidades.

Identifica la causa exacta de las instancias de procrastinación pasadas para evitar repetirlo en el futuro. Protégete contra el diálogo interno dañino / destructivo. Evita decir cosas como "debo hacer esto" o "tengo que hacer esto". Esto te hace sentir impotente u obligado a hacer algo. Te hace sentir que no tienes muchas opciones. En esencia, cambia la forma en que percibes la tarea. En lugar de verlo como una tarea satisfactoria, placentera y valiosa, lo ves como una compulsión que aumenta nuestra tendencia a posponer las cosas.

Esta es una estrategia poderosa cuando se trata de tomar la procrastinación de frente. La forma en que funciona es que te preguntas qué haces en menos de cinco minutos para llevar adelante la tarea o progresar un poco. Puede ser cualquier cosa, desde crear un bosquejo de cómo quieres hacerlo hasta darle un título a las ideas de lluvia de ideas. Identificar y tomar esa pequeña acción mediante estableciendo un temporizador de cinco minutos.

La técnica de cinco minutos

La técnica de cinco minutos repleta poder hace maravillas cuando se trata de vencer la procrastinación. Según los estudios, una vez que comiences con algo, es más probable que tomes el impulso hacia adelante que cuando te encuentra en un estado de inercia. En lugar de planificar, toma alguna acción que te sacuda de este estado inicial de inacción. Incluso la más mínima acción puede ayudarlo a tomar un impulso rápido para continuar la tarea.

En psicología, esto se conoce como el efecto Zeigarnik. Menciona cómo las tareas incompletas se adhieren a nuestra memoria en un bucle. Las tareas que hemos dejado sin terminar siguen jugando en nuestros pensamientos dentro de un ciclo que se rompe incluso si hacemos un pequeño comienzo. Incluso un pequeño paso en la acción afecta psicológicamente nuestra mente para creer que hemos comenzado. Esto hace que la posibilidad de completarlo parezca menos abrumadora que cuando aún no hemos comenzado. Cinco minutos pueden hacer toda la diferencia.

También, prueba la estrategia de hora de energía. Comprende eliminar todas las distracciones para trabajar de manera dedicada en una tarea. Pon a un lado todo lo demás y trabaja con bloques de tiempo concentrados (comienza con 20 minutos y avanza). Estos bloques pueden ser intercalados por intervalos cortos de descanso para aprovechar al máximo el tiempo ininterrumpido. Tu productividad fluirá cuando trabajes sin distracciones y en un flujo ininterrumpido.

Según los estudios, nuestro cerebro experimenta ciclos de pico e intensión. Para ser óptimamente productivo, es importante aprovechar al máximo estos picos e intenciones a través del equilibrio de enfoque y trabajando en un tramo con descansos y relajación adecuados.

Dividir tareas más grandes en hitos más pequeñas

Digamos que tienes una enorme tarea de completar un proyecto que comprende 50,000 palabras en los próximos 20 días. Ahora, en lugar de marcar una fecha límite después de 20 días y comenzar en el último minuto, haz fechas límite diarias o semanales en las que completes 2,500 palabras por día o alrededor de 16,500 palabras por semana. Hacer plazos más cortos te hace responsable de la tarea más grande durante toda la duración de la tarea en lugar del último minuto.

Del mismo modo, cuando piensa en una tarea masiva, existe la posibilidad de sentirse abrumado por la posibilidad de completarla. Romperlo en pedazos pequeños hace que la tarea parezca más factible y más fácil de lograr.

Por supuesto, debes saber a dónde quiere llegar, pero mantén tu visión en el próximo paso para que parezca más realista y alcanzable. Una vez que pasamos un campo, aumenta nuestra confianza en nuestra capacidad para llegar a la cumbre.

Con cada paso que asciendas o con cada pequeña meta que logres, tu fe en lograr la meta más grande aumenta. Digamos que entras en una competencia de hamburguesas. Son de tamaño monstruoso y es prácticamente imposible consumir estas hamburguesas masivas engulléndolas. Es posible que no logres mucho si simplemente las empujas por la garganta como una sola pieza. Sin embargo, cuando rompas las hamburguesas en trozos pequeños y fáciles de tragar, terminarás comiendo más. Mantén el mismo enfoque hacia tus tareas. No puedes cumplir una tarea gigantesca de una sola vez. Debe dividirse en hitos más pequeños y alcanzables para lograrlos de manera más efectiva.

Consigue un compañero de tarea

Si tienes dificultades con la rendición de cuentas y un sentido de responsabilidad al completar las tareas, solicita la ayuda de un compañero de metas. Puede ser cualquier persona, desde un maestro hasta un compañero de trabajo o tu entrenador de vida, cualquiera que sea una influencia positiva para ti y que sea confiable. Él / ella se convierte en tu compañero de responsabilidad y tú eres prácticamente responsable de compartir todas las actualizaciones de tus tareas con ellos. Pueden ayudarte a realizar tareas pendientes y responsabilizarte por hacer ciertas cosas.

El objetivo es ayudarte a mantenerte en el camino con tus objetivos cada vez que te encuentres divagando. También puedes buscar a alguien con tareas similares a las suyas para que ambos puedan ser amigos de responsabilidad el uno del otro. El compañero de rendición de cuentas debe ayudarte a mantenerte firmemente pone en la ruta de la productividad y evitar que de caigas en el juego de la procrastinación.

Cuando te comprometes con una persona o personas, es más probable que cumplas con los compromisos de tu tarea porque no quieres ser visto como alguien que no cumple su palabra. La forma en que funciona es: te mantienes regularmente en contacto con tu amigo de responsabilidad para actualizarlos sobre cuán lejos has llegado con la tarea.

Optimiza tus entornos

Nuestro entorno o entorno inmediato afecta más o menos nuestra tendencia a postergar. Si estás tratando de trabajar en un espacio donde hay mucho ruido, los juegos, la distracción, la televisión, aparatos pitando, etc. , no has optimizado tu entorno para la productividad. Desactiva las notificaciones de redes sociales mientras trabajas. Resiste el impulso de dejar llamadas menos importantes para más tarde.

Ten cuidado con la trampa tecnológica en la que operas con la ilusión de que estás haciendo mucho pero no estás haciendo mucho. No te sumerjas en el modo de consumo tecnológico pasivo en cada oportunidad dada con la máscara de que estás adquiriendo conocimiento. Mirar todos los videos que recibes, navegar en

Internet sin rumbo (bajo el disfraz de la investigación) y pasar por las redes sociales a menudo no aumenta tu conocimiento ni te hace productivo. Simplemente retrasa lo que es prioritario e importante a cambio del consumo pasivo de información. Ingresa al modo de acción y termina las tareas importantes antes de convertirte en un espectador pasivo.

Desinstala todas las aplicaciones no deseadas, coloca tu teléfono a menos que sea absolutamente urgente y concéntrate en completar la tarea existente.

Abandona la Mentalidad de la excusa

Las excusas matan tu impulso y espíritu para hacer las cosas. Evitan que sigas tus tareas al detenerte en la ruta de vez en cuando. Puede haber múltiples razones para no hacer algo. Las excusas son poderosas persuasivas cuando se trata de relegarlo a una posición de inacción. Deja de creer tus miedos como si fueran la verdad del evangelio. En cambio, utilízalas para alimentar tu energía, imaginación, y entusiasmo. Deja que sean la inspiración para guiar tus acciones productivas. Mueve tu canal mental del miedo al empoderamiento. Cuanto más trabajas en conjunto con lo que te emociona, más poder tienes para vivir tus sueños.

Haz un ejercicio rápido. Enumera las excusas más comunes que se te ocurran para evitar hacer algo. Puede ser cualquier cosa, desde falta de tiempo para no ser perfecto en algo. Luego pregúntate qué alegría se producirá dentro en tu interior y sal a la superficie si no estuvieras frenado por esta excusa o miedo. Luego, simplemente convierta esta emoción en un empoderamiento. Es un proceso de múltiples pasos para transformar las excusas en un acumulador de energía.

Pongamos un ejemplo. Deseas iniciar tu propio negocio en un campo en crecimiento. Reconoces la excusa que te impide lanzarlo. Puede ser "No sé si funcionará" o "qué pasa si fallo y pierdo dinero". Su mayor excusa es el miedo al fracaso o la incertidumbre sobre tu idea. Sientes el miedo en lo profundo de ti. Respira profundamente. Pregúntate sobre qué emoción se oculta de la superficie con este miedo. ¡La emocionante posibilidad de comenzar algo nuevo y grande o seguir tu pasión o ganar dinero haciendo lo que amas! Ve más allá de las excusas para conocer las cosas increíbles que le esperan si toma medidas.

Construye declaraciones de empoderamiento a tu alrededor. Por ejemplo, "Estoy usando y desarrollando mi pasión por ganar dinero" o "Estoy encantado y entusiasmado por ganar dinero haciendo lo que realmente amo hacer".

Ahora sí estamos hablando. ¿Ves la diferencia en el enfoque? Encontrará que tu excusa es reemplazada por un estado mental subconsciente más productivo y entusiasta. Hay múltiples posibilidades ahora. Esta inspiración y energía se convierten en la principal fuente de acción. Ahora usa esta recién descubierta inspiración, la energía, y el entusiasmo a través de afirmaciones o declaraciones positivas de conducir te a la acción.

Elija una canción para la Procrastinación

Esto funciona de maravilla para mí y es, por lo tanto, un favorito personal. Seleccionar una canción que te hace sentir cargado, motivado, y con energía para simplemente salir y gobernar el mundo! Juega cada vez que te sientas flojo o caigas en el modo de procrastinación. Nuestro cerebro tiene un desencadenante para desarrollar nuevos hábitos. Cada vez que tocas la canción y la sigues con acción, tu cerebro vinculará involuntariamente la canción con "hacer cosas".

Cree un Blog de responsabilidad

Si tienes mala fama por hacer planes ambiciosos y nunca estar a la altura de ellos, es hora de entrar en acción siendo responsable ante el mundo. Para pasar de la procrastinación a la eficiencia, crea un blog de responsabilidad. Concéntrate en ganar varios seguidores. Una vez que haya incluido un flujo constante de seguidores que vigilen de cerca su progreso y acción, existe una pequeña posibilidad de que se rinda. Además, también inspirarás, alentarás y motivarás a otros a seguir tus pasos. El hecho de que otros estén influenciados e inspirados por tus acciones evitará que te des por vencido. Registra tu progreso en un blog. Por donde empezaste ¿Hasta dónde has progresado en tu objetivo? ¿Cómo has abordado los desafíos en el camino? Nadie quiere ser visto como una persona que no es fiel a su compromiso.

Aquí hay algunas ventajas de crear un blog de responsabilidad:

- Ser responsable de tus objetivos le dice a los demás que estás en el juego para quedarte. Hay varios beneficios de tener un blog de responsabilidad.
- Documentar y seguir tu progreso. Un blog de la rendición de cuentas es una maravillosa manera de realizar un seguimiento, medir, y supervisar su progreso. Muestra hasta dónde has llegado en el proceso de completar una tarea o cumplir tus objetivos.
- Mantente positivo, inspirado y responsable de tus acciones. Querrás que los seguidores te aplaudan por tu progreso. En realidad, le estás diciendo valientemente al mundo acerca de tu objetivo, lo que te empuja a dar lo mejor de ti.
- Una gran ventaja de crear un blog de la rendición de cuentas es llegar a compartir un montón de consejos, sugerencias, y estrategias para lograr tus objetivos. Es posible que haya aprendido formas más rápidas, inteligentes o más eficientes de hacer algo que puede ser un aprendizaje maravilloso para los demás. Piensa en dar más valor a tus seguidores en forma de compartir tus experiencias.
- Motiva a otras personas que se encuentran en una situación similar a la tuya. Será bueno crear una comunidad de seguidores positivos y motivadores con los que puedas conectarte con respecto a la tarea u objetivo. Involúcrate con ellos y comparte consejos sobre cómo se ponen en acción o cumplen un objetivo. Puedes alentar a otros a perseguir sus objetivos mientras persiguen los tuyos.

Crea la tarea de la que has producido como un borrador

Supongamos que quieres escribir un libro acerca de pérdida de peso post - embarazo para las mujeres. Sin embargo, la perspectiva de comenzar un libro desde cero se siente intimidante.

La clave para cambiarte al modo activo es comenzar con un borrador que es menos abrumador y estresante. Comienza haciendo una lluvia de ideas sobre qué es exactamente lo que desea incluir en el libro. ¿Tendrá consejos, historias personales, plan de alimentación, etc.? ¿Cuáles son los temas clave que desea ser incluido en el libro?

Crear un borrador preliminar te libera de la duda inicial sobre cómo comenzar. Te lleva de la inacción a un estado de acción. Cada vez que siento que estoy postergando el inicio de una tarea, comienzo a garabatear algunas ideas aproximadas, su contenido clave o un plan aproximado. Esto me quita una pequeña carga de encima y me siento más ansioso por hacer este ejercicio simple pero efectivo. Solo dite a ti mismo que no estás haciendo algo enorme, es un borrador sin complicaciones.

Priorizar las tareas

Prioriza las tareas del día basadas en cuatro cuadrantes. Estos podrían ser urgentes e importantes, importantes pero no urgentes, urgentes, no importantes, ni urgentes ni no importantes, todo en ese orden. Primero aborda las tareas que son urgentes e importantes. Por ejemplo, mañana tienes una presentación para un cliente importante. Es a la vez de alta prioridad (importante) y urgente, lo que significa que esto debe abordarse antes de hacer cualquier otra cosa.

Del mismo modo, un cliente puede pedirle un presupuesto aproximado o un borrador que no sea urgente o con un límite de tiempo. Sin embargo, sigue siendo importante. Maneja las tareas que son importantes y no urgentes como una segunda prioridad. Tercero, busca tareas que sean urgentes pero no importantes. Un restaurante que visitaste recientemente puede pedirte que completes un formulario de comentarios tipo concurso antes de que termine el día. Esto es urgente o tiene un límite de tiempo, pero no es importante. Por último, asume tareas que no son urgentes ni importantes. Piensa en navegar a través de las publicaciones en tus redes sociales para ver lo que está pasando con los demás o en alcanzar al siguiente nivel de tu juego virtual.

El Juego de recompensas y castigos

Ponte una multa de $ 10 cada vez que se encuentre procrastinando. Guarda $ 10 en una caja separada por cada caso de no completar un trabajo a tiempo debido a la procrastinación. Al final de cada mes, toma todo el dinero y dáselo a una causa que odias o no estás a favor. Te decepcionará aportar a una causa en la que no crees deba hacerse más rica y esto sólo puede empujarte a dejar de procrastinar y empezar a ser más productivo.

Del mismo modo, recompénsate por terminar las tareas a tiempo inicialmente para salir de la mentalidad de procrastinación. Puede ser comprar un libro que haya deseado leer o disfrutar de una taza de café en tu cafetería favorita. El objetivo es tener algo que esperar para que salgas de la procrastinación y el aburrimiento. La posibilidad de hacer algo positivo y emocionante al final de una tarea aburrida puede ponerte en movimiento. Esto hace que la tarea parezca menos complicada y más factible.

No esperes a estar de ganas

A menudo, cuando se trata de hacer las cosas, seguimos diciéndonos que no tenemos ganas de hacer algo o que no estamos de humor. Le pasa a todos. Esperamos hasta que tengamos el 'humor' para completar una tarea. Esto no es más que un gran encubrimiento para la inacción. No siempre tienes que estar de humor para tomar acción. A veces, solo tienes que hacer las cosas. Por ejemplo, si aspiras a ser un escritor, tienes que fijar una meta y hacer la tarea. Elije un momento para escribir y escribe una cantidad fija de palabras todos los días, independientemente de si lo deseas o no. Así es como haces las cosas para ser productivo.

No esperes estar inspirado y cargado todo el tiempo, especialmente en una vocación creativa. A veces, simplemente tienes que salir y hacer el trabajo, te guste o no. Toma acciones consistentes de acuerdo con tus objetivos, independientemente de cómo te sientas. Sigue diciéndote lo que hay que hacer a continuación. Evita posponer hasta que tengas un plan elaborado o sientas que estás de humor para hacer algo. El estado de ánimo y el impulso seguirán cuando comiences. Concéntrate y pregúntate qué quiere o qué es bueno para ti en la actualidad o qué te llevará adelante. ¡Sigue avanzando o moviéndote incluso si te mueve una pulgada!

Esto sucede con los mejores de nosotros. A veces los artistas, escritores, y otros profesionales creativos simplemente esperan la inspiración los golpee, perdiendo así preciosos horas productivas entre tanto. No esperes la inspiración artística o que desaparezca el bloqueo del escritor. A veces, solo tienes que hacer las cosas, te guste o no. Algunos emprendedores no abordan tareas serias hasta que se encuentran en su entorno de trabajo perfecto. De nuevo, ¡pérdida de productividad debido a la procrastinación ! Usa un enfoque de atención plena aquí. Con la atención plena, no sientes que estás haciendo algo solo por el simple hecho de completarlo. Reconoce los sentimientos y emociones que estás experimentando desde una perspectiva externa sin que te afecte o dejes que gobierne tus acciones. Observa brevemente tus emociones, pensamientos, charlas mentales y sueños, y libéralos. Comienza las tareas incluso cuando no te sientas seguro o no confíes en tu motivación para llevarlo a la acción.

Superar la procrastinación a través de la hipnosis

La hipnosis es un mecanismo que nos ayuda a acceder a nuestro subconsciente para permitirnos crear nuevos patrones de comportamiento, hábitos, y perspectivas de vida. Si internalizas con éxito una nueva visión o perspectiva sobre ti mismo, invariablemente te verás impulsado a tomar acción en línea con la nueva perspectiva. Por ejemplo, si has estado procrastinando dejar de fumar y subconscientemente internaliza la opinión de que no eres fumador; No tendrá sentido fumar.

El comportamiento no estará alineado con tu perspectiva de ser un no fumador. ¿Cómo nos percibimos está en gran medida determinado por pensamientos automáticos, ideas , y creencias en la mente subconsciente. Por lo tanto, cuando provocamos un cambio en nuestra mente subconsciente, y hay un cambio definitivo en cómo nos vemos a nosotros mismos. Cambiar los hábitos se vuelve más fácil cuando entrenamos a nuestro subconsciente para pensar y dirigir nuestro comportamiento de cierta manera.

Aquí hay un pequeño ejercicio de auto-hipnosis que puede ayudarte a comenzar a superar la procrastinación:

1. Siéntete en una posición cómoda y relajada en un lugar libre de distracciones e que irradie energías positivas.
2. Toma algunas respiraciones profundas antes de comenzar a calmarse.
3. Cierra los ojos y comienza a visualizar una imagen reconfortante. Debe ser algo que te ofrece alegría, comodidad, inspiración, y fuerza positiva. Puede ser un recuerdo feliz de unas vacaciones que has tomado o estar con personas que amas o hacer algo que te apasiona. Podría ser una imagen de la versión perfecta de ti mismo.
4. Céntrate en los detalles de la imagen. Que sea lo más detallado, gráfico, y más específico posible. Házlo concreto para que tu mente pueda fijarse en él sin dificultad. Concentrado en las experiencias sensoriales, tales como vistas, sensaciones, y olores. Haz de tu visualización / imaginación una experiencia multisensorial.
5. Coloca tanta energía positiva en ti mismo como sea posible. Tienes que sentirlo desde dentro. Vencer la postergación será mucho más fácil si tomas el control de

tus objetivos y trabajas para cumplirlos ahora, uno a la vez. Dite a ti mismo que tienes el poder dentro de ti para superar todo lo que lo estás frenando. Puedes comenzar y cumplir todo lo que deseas lograr ahora. No hay mañana y no hay vuelta atrás.
6. Abre lentamente los ojos, vuelve a tu entorno, y haz frente a la vida con renovado entusiasmo, energía, y fuerza de voluntad.

La idea es hacerse cargo de tus pensamientos más profundos y subconscientes, y transformarlos para convertir la procrastinación en energía y entusiasmo para lograr tus metas y sueños.

Abordar el dialogo interno negativo

Una de las mejores formas de lidiar con la procrastinación es reemplazar el diálogo interno negativo con un diálogo interno positivo y constructivo. Tu charla mental determina en gran medida su futuro. Esta no es solo otra declaración exagerada. Nuestra mente subconsciente es gradual pero definitiva mente absorbe nuestra charla mental para dar forma a nuestras ideas, pensamientos, actitudes, y creencias. Cuando te hablas a ti mismo como un "perdedor que simplemente no puede hacer nada", este es precisamente el mensaje que estás enviando a tu mente subconsciente.

Una vez más, tus acciones están dirigidas por una perspectiva auto-limitada y autodestructiva. Esta es exactamente la razón por la cual la famosa cita dice algo así como "si crees que puedes o no puedes, tienes razón". Si crees que puedes abordar una tarea de inmediato o eres productivo, tienes razón. Por otro lado, si crees que no puedes lograr mucho, también la tienes. Cualquier cosa que pensemos que nuestra mente puede lograr, nosotros podemos. Tendemos a culpar a todo, desde nuestras circunstancias a otras personas, por nuestro fracaso al hacer las cosas.

Identifica tus patrones de pensamiento mental. Lo que pasa con nuestros pensamientos es que son involuntarios e incontrolables, lo que significa que tenemos poco poder sobre ellos. Invariablemente llegan a ocupar espacio en la cabeza e impactan nuestros pensamientos sin ningún esfuerzo.

Controla tu diálogo interno. Tómate un tiempo para evaluar tu charla mental. ¿Tómate un tiempo para evaluar tu conversación mental a diario? ¿Hay un patrón identificable en la forma en que te hablas a ti mismo? ¿Siempre te estás tratando como víctima de situaciones en lugar de asumir la responsabilidad y el compromiso de tu vida? ¿Estás siempre verte a ti mismo como alguien incapaz de lograr el éxito, la riqueza, y el dominio de tu vida? ¿Crees que no eres digno de lograr el éxito? ¿Tus opiniones sobre ti mismo están determinadas por lo que otros piensan de ti?

Casi siempre hay una clara identificación del patrón que subyace en nuestro diálogo interno negativo que está relacionado con los pensamientos, ideas, creencias, y las opiniones que tenemos sobre uno mismo, que limitan nuestra capacidad de hacer las cosas. Esta es una de las principales causas de la procrastinación. Reconocer el problema y eliminarlo desde sus raíces es la clave para ser tu propia animadora. Entrar en el hábito de controlar conscientemente sus hábitos, patrones de comportamiento, creencias auto-limitantes, y pensamientos improductivos si realmente quieres lograr más.

Replantea tus pensamientos y conversaciones mentales. Observa una situación desde múltiples ángulos para crear una declaración más práctica y realista en lugar de apegarse a las palabras y frases autodestructivas y limitantes. En lugar de decir, "mi supervisor quiere despedirme porque arruiné el último informe", intenta decir "sí, arruiné el último proyecto, pero hay muchas otras razones por las que mi jefe puede querer hablar con ellos". Te ayudará a mantener las cosas en la perspectiva adecuada.

No te hables a ti mismo en términos brillantes o demasiado positivos tampoco. La idea es dejar de pensar sobre sí mismo en los extremos y desarrollar patrones de pensamiento más prácticos y realistas que te transformen de un estado de inacción a la súper productividad.

Usa la ley de Parkinson

En palabras simples, la Ley de Parkinson establece que cualquier trabajo se expande para llenar el tiempo disponible para completarlo. Esto se conoce como Ley de Parkinson en el campo de la productividad. Esta declaración fascinante fue dicha por Cyril Northcote Parkinson, conocida historiadora y escritora británica en 1955. La ley, literalmente, significa que nuestro trabajo se expande para llenar todo el tiempo disponible para su finalización. Significa que si se otorga una semana para completar una tarea que demora aproximadamente dos horas, entonces la tarea aumenta psicológicamente en complejidad. En nuestra mente, se convierte en una tarea que llevará una semana completar. Puede que no se llene toda la semana, pero terminará aumentando nuestro estrés y ansiedad relacionados con completarlo. Sin embargo, al asignar la cantidad de tiempo adecuada a la tarea, obtenemos más tiempo y la tarea también se reduce psicológicamente en complejidad.

Las personas a menudo asignan más tiempo a una tarea de lo que realmente se necesita para completar porque tienen en cuenta el tiempo de amortiguación o más espacio de movimiento. Se origina en un sentido inflado de cuánto tiempo lleva completar la tarea. Postergar las tareas solo las hace parecer más largas y complejas. En cambio, si se da cuenta del tiempo exacto que se tarda en completar una tarea, es más probable que la termines de manera rápida y efectiva sin verla como una actividad compleja.

Haz una lista de todas las tareas que deseas realizar durante el día y luego divídelas en la cantidad de tiempo que lleva completar cada tarea. Usa una estimación realista y práctica. Ahora date la mitad del tiempo mencionado para terminar cada tarea. Por ejemplo, si mencionas que escribir un informe le tomará un par de horas, tómate solo una hora para completarlo. El límite de tiempo aquí es crítico. Trátalo como una fecha límite. Haz que estos plazos sean absolutamente irrompibles, como si se tratara el plazo de un jefe o cliente.

Usa un impulso instintivo para vencer el tiempo o ganar contra el reloj. Enciende tu espíritu competitivo para hacer las cosas. Esfuérzate por obtener la victoria contra el tiempo como si fuera un oponente. Evite tomar atajos y hacer trabajos de baja calidad. Esto es invaluable si tiene problemas para cumplir con los plazos y te encuentras constantemente burlándote de ellos debido a la procrastinación.

Este puede ser un buen ejercicio inicial para determinar cuán precisas son las proyecciones de tiempo. A veces, puedes darte cuenta de que una tarea se puede hacer más rápido de lo que inicialmente creía. Otras veces, puede estar inflado. Una vez que cumpla con los requisitos, reduce aún más sus plazos para vencer el reloj. Esto se puede utilizar para estimularte a la acción y a salir del estado de inercia. Experimenta con diferentes tiempos para saber el tiempo más corto que te lleva completar una tarea de manera eficiente. Usa un temporizador digital para hacer la tarea si estás trabajando en una computadora u otros dispositivos.

Elimina las plagas del mundo de la productividad y usa la Ley de Parkinson para tu ventaja. Identifica los rellenos de tiempo como correo electrónico, lectura de publicaciones de redes sociales y más. En lugar de pasar 20-30 minutos por la mañana revisando el correo electrónico, date solo cinco minutos. No te des más tiempo del necesario porque solo aumentará tu tendencia a procrastinar y reducir la productividad general. Solo una vez que termines todo en tu lista de tareas pendientes, deberías comenzar a pasar tiempo navegando por las redes sociales, navegar por Internet y responder correos electrónicos.

Capítulo dos: Trucos de productividad

La productividad es una palabra muy de moda que a menudo se usa en exceso en los tiempos actuales. Siempre escuchará a las personas hablar sobre ser productivos o formas de aumentar la productividad. Empresas, empleadores y maestros: todos se centran en ser lo más productivos posible. La productividad es uno de los atributos más importantes cuando se trata de rastrear el desempeño y las evaluaciones de los empleados.

¿Qué significa productividad?

La definición más utilizada de productividad es la tasa con la que alguien hace un trabajo útil o valioso. Cuanto más rápido haga algo o más tareas termine, mayor será su productividad.

Efectos de la baja Productividad

Ganancias reducidas

La productividad y las ganancias están estrechamente relacionadas en un escenario profesional. La mano de obra tiene un costo. Cuando no utilizas tus recursos de tiempo sabiamente y produces resultados bajos debido a la productividad reducida, afecta las ganancias de la organización. En algunos casos, los empleadores pueden iniciar recortes salariales o congelamientos debido a la reducción de la productividad.

Baja Moral

Tener baja productividad puede afectar directamente tu moral o tu autoestima. Puede resultar en despidos o degradación, lo que puede ser un golpe terrible para tu sentido de autoestima. Terminarás pensando que no eres bueno o que no puedes hacer mucho.

Consejos para aumentar la productividad

Usa el Método Pomodoro

El método Pomodoro funciona maravillosamente bien cuando se trata de aumentar la productividad y hacer las cosas. Fue desarrollado por Francesco Cirillo en los años

8 . Pomodoro significa tomate en italiano, y dado que el temporizador utilizado por Cirillo tenía la forma de un tomate, la técnica se conoció como la técnica Pomodoro . Esta técnica se utiliza ampliamente en todo el mundo para aumentar la eficiencia, la productividad, eliminando las distracciones, y evitando el desperdicio de recursos de tiempo.

Hablamos de cómo hiper - enfocarte en una sola tarea en lugar de múltiples tareas ayudan a lograr resultados más eficientes.

La forma en la que la técnica Pomodoro funciona es - Comienza fijando un temporizador de 25 minutos. Trabaja en tu tarea sin interrupciones y sin distracciones durante 25 minutos exactos. Después de trabajar durante 25 minutos, completas un solo ciclo Pomodoro. Una vez que completas un ciclo Pomodoro (25 minutos de trabajo ininterrumpido en una tarea, se da un pequeño respiro de 4-5 minutos), luego le sigue otro ciclo de Pomodoro y un descanso de 4-5 minutos. Una vez que termines con éxito 4 ciclos Pomodoro, tendrás un descanso de 15-20 minutos.

Si terminas una tarea antes de los 25 minutos, pasa el tiempo restante leyendo, aprendiendo, y en desarrollo. Todas las demás tareas tienen que esperar hasta que se complete el ciclo Pomodoro de 25 minutos. El objetivo principal de este método eficiente de gestión del tiempo es aumentar la productividad al eliminar las distracciones a tu alrededor y centrarte únicamente en la tarea en cuestión.

Cuando trabajas en una tarea ininterrumpida durante 25 minutos en un tramo, mantienes la eficiencia, la concentración, y el impulso que te ayudan a realizar la tarea más rápido y con una productividad óptima. No hay obstáculos en la continuidad de tu tarea actual, lo cual aumenta la productividad general. Estás en efecto hiper - concentración en una sola tarea.

Además, los descansos cortos te hacen sentir más renovado y rejuvenecido. Desarrolla una mayor claridad y concentración cuando se trata de completar una tarea. Además, el uso de un temporizador alienta a terminar una tarea sin distracciones. Esto simplemente significa que no terminas obsesionado con la perfección o los detalles innecesarios. En cambio, haces las cosas de manera rápida y eficiente. La técnica Pomodoro de gestión de productividad y tiempo, entre otras cosas, ayuda a construir una mayor concentración, autodisciplina, autocontrol, y fuerza de voluntad.

Investigadores de la Universidad del Estado de Florida han descubierto que los mejores intérpretes y artistas que no hacen el trabajo en intervalos de más de 90 minutos son mucho más productivos que los que trabajan más de 90 minutos.

El principio de Pareto 80-20

Utiliza el principio 80-20 de Pareto para definir tus actividades más productivas y sacar más provecho de ellas. El principio de Pareto dice que el 20 por ciento de todos nuestros esfuerzos contribuyen al 80 por ciento de nuestros resultados. Por lo tanto, estás gastando una pequeña parte de tu tiempo en tareas productivas.

Identifica estas tareas que te están dando buenos resultados y dedica más tiempo a ellas para aumentar la productividad. Elimina las tareas que no agregan valor a tu productividad general.

Por ejemplo, supongamos que trabajas en ventas y gasta el 20 por ciento de sus horas de trabajo en presentaciones para clientes potenciales. Al seguir analizando, esto contribuye al 80 por ciento de tus ingresos por ventas. Sin embargo, inviertes una parte considerable de tu tiempo enviando y respondiendo correos electrónicos de clientes potenciales en línea, lo que en un escrutinio más detallado no contribuye mucho a tu productividad general o ventas.

Esto simplemente significa que debes reducir el envío y la recepción de correos electrónicos delegándolo a otra persona y centrarte en hacer más presentaciones. Invierte más tiempo en actividades que contribuyan más a tus ventas totales / productividad que a actividades que están simplemente dando la impresión de que estás haciendo una gran cantidad, no obstante, sin ayudar a lograr la productividad en proporción al tiempo que estás invirtiendo.

Sacar el mayor provecho a tus Horas Productivas

Aprovecha al máximo sus horas pico productivas. Intenta programar o centrar tareas desafiantes o más estresantes durante las horas pico. Cada individuo tiene sus horas pico cuando su productividad está en sus niveles óptimos. Intenta programar las tareas más difíciles y que requieren más tiempo durante estas horas pico.

Por ejemplo, algunas personas están en su mejor momento productivo en las primeras horas del día. Comienzan y completan una parte importante de su tarea en la mañana. Una vez que identifiques tus horas pico, no programes tareas como responder correos electrónicos durante este tiempo. Déjalo para otro momento. Si no crees que es productivo después del almuerzo, aproveche este tiempo para realizar tareas más relajadas, como revisar correos electrónicos.

Coloca Todas las tareas similares juntas

Una de las formas más rápidas de reducir la productividad es realizar múltiples tareas. Si eres capaz de hacer multitareas que constantemente hace demasiadas cosas a la vez en lugar de centrarse en una sola tarea, vives bajo la ilusión de que estás logrando mucho. De hecho, estás tomando más tiempo para terminar las tareas cuando las haces juntas que si hubiera manejado una tarea a la vez.

La cuestión es que cuando nuestro cerebro cambia constantemente de una tarea a otra, el impulso de completar las tareas (y la productividad) se ve afectado. Solo puedes enfocar tu energía en una sola tarea a la vez para ser eficaz. Si dedicas tu atención a una sola tarea en lugar de asumir demasiadas cosas a la vez, es más probable que logres una mayor productividad que haciendo varias cosas juntos en un intento por ser 'súper efectivo'.

Por ejemplo, estás respondiendo correos electrónicos, pagando facturas entre tanto, y haciendo llamadas al mismo tiempo. Aquí es cuando tu cerebro va y viene entre las tareas para hacerte ineficaz en todo lo que estás haciendo. En cambio, si mantienes un tiempo dedicado para responder a todos sus correos electrónicos, hacer llamadas telefónicas y pagar facturas, será mucho más efectivo. Por ejemplo, dedica un día a la semana para el pago de todas las facturas o el usa la última parte del día para atender las consultas de correo electrónico o hacer llamadas telefónicas a primera hora durante el día. Agrupa todas las tareas similares y acéptalas juntas en lugar de sobrecargar tu mente cambiando de una tarea a otra.

Usando este método, no puedes ser desviado de otras tareas a lo largo de la jornada de trabajo y puedes realizar cada tarea en una manera atenta, dedicada, y enfocada. La investigación demuestra que tomar demasiadas cosas a la vez ralentiza nuestro cerebro y nos vuelve ineficientes.

Además, evita cambiar frecuentemente de una tarea a otra. Afectará su productividad y eficacia más de lo que cree. Te resultará difícil mantenerte enfocado y motivado y pasar de una tarea a otra rápidamente. Disfruta de un tiempo de inactividad entre las tareas. Practica la respiración profunda, sal a caminar y permite que el oxígeno ingrese a tu cerebro, escucha buena música, pinta, haz yoga o meditación, etc. Estos ejercicios para despejar la mente permiten que tus facultades mentales se actualicen y rejuvenezcan antes de abordar la próxima tarea con más energía y espíritu.

Aprender a decir N O

Hay adictos a la productividad a nuestro alrededor esperando aprovechar nuestro tiempo, energía y esfuerzos en forma de compañeros de trabajo, jefes, miembros de la familia, etc. Evita quemarte intentando complacer a todos. No fuiste puesto en este planeta para complacer a la gente. Ayuda a las personas, pero no a costa de tus objetivos y prioridades, y especialmente cuando aprovechan tu eficiencia para impulsar sus propias tareas. Distingue entre los casos en que las personas realmente necesitan ayuda y cuando se aprovechan de tus esfuerzos solo para eludir sus tareas y responsabilidades. Aprende a decir un no firme y cortés. No permitas que las personas den por sentado tu cortesía y gentileza. Cuando no estés preparado para algo, simplemente rechaza cortésmente.

Mantente fiel a tu resolución. No bloquees tu tiempo para cumplir los objetivos de otras personas. Di un no cortés y asertivo sin sonar como una disculpa o arrepentimiento. Ten en cuenta los efectos de satisfacer la solicitud de todos o asumir más cosas de las que puedes manejar. A veces, las personas acompañan hábilmente pequeñas solicitudes con otras mucho más grandes. Sé lo suficientemente firme como para respetar tu tiempo y transmitirlo cortésmente a los demás. Prefieres pasar el tiempo apresurándote y siendo productivo que haciendo el trabajo de todos.

Del mismo modo, si ya te estás ahogando en el trabajo y tu jefe o compañero de trabajo dice que quiere que se haga algo, diga algo como "Estoy un poco sobrecargado con las tareas del día. Sin embargo, puedo manejarlo mañana. ¿Eso estaría bien?

Estás siendo franco acerca de tus limitaciones, mientras no los rechazas directamente (cuando es un caso genuino de completar una tarea o reclutar tu ayuda). Evita esforzarte para asumir más de lo que puedes manejar. Di no cuando tengas que completar tareas importantes y de alta prioridad. Respeta tu tiempo y el de otras personas. Respeta tu tiempo y haz que otras personas lo valoren también. Sobrecargarte de actividades aumenta el estrés en general y reduce la productividad.

Siestas de poder

Las siestas potentes hacen maravillas cuando se trata de mejorar la productividad. Cuando te dedicas a una tarea por más tiempo, nuestro cuerpo siente que simplemente está a la deriva. Evita el impulso de resistir este sentimiento. En cambio, sintoniza el estrés y el agotamiento para disfrutar de una breve siesta. Incluso una siesta de 15 minutos es suficiente para recargar y rejuvenecer tus sentidos. Nuestros cerebros consiguen su muy necesitado reposo y están suficientemente cargados para asumir la tarea siguiente.

Puede que no siempre sea posible alejarse del trabajo o hacer pequeños ejercicios para despejar la mente. En tales casos, lo mejor es ir a un baño rápido o tomar un café. También puedes meditar durante unos minutos. Todo lo que su cerebro necesita para sentirse bombeado y cargado nuevamente es un par de minutos.

Eliminar interrupciones

Hacer que la gente entre en tu cubículo para conversar cada vez que comió tratando de hacer las cosas puede afectar tu productividad grandemente. Estas interrupciones breves e inofensivas a menudo mastican lenta e insidiosamente tu productividad sin que te des cuenta. Minimiza las interrupciones estableciendo límites durante las horas de trabajo. Informa a la gente que no debes ser interrumpido durante horas específicas.

Mantener la puerta de tu cubículo cerrada mientras se trabaja en proyectos con fecha límite. Afronta la tentación de invertir largas horas en un calendario de bloque atiborrado. En cambio, concéntrate en trabajar en una tarea sin interrupciones y sin distracciones. Piensa en cómo se te ocurren estrategias para trabajar de manera más inteligente en lugar de más.

Optimiza tu escritorio para la productividad

Sé de algunas personas que dicen que se desarrollan en el medio del caos, o que trabajar en un ambiente desordenado saca a relucir lo mejor de ellos. Me quito el sombrero si es que pueden llevarlo a cabo. Los mortales menores como nosotros todavía tenemos que optimizar nuestros escritorios para la productividad.

Organiza tus archivos y carpetas de manera ordenada para que no ocupen más espacio del requerido. Tira a la basura los envoltorios, recibos, y otros residuos no deseados. Etiqueta tus archivos y categorízalos (u organízalos en orden alfabético) para facilitar el acceso cada vez que los necesites. En lugar de tener objetos de papelería lanzados por todo el lugar, colócalos en diferentes cajas y etiqueta cada caja (lápices, clips de papeles, etc.).

No terminarás perdiendo un tiempo precioso intentando localizar archivos y documentos de un montón de basura. Tenga las cosas bajo control organizando su escritorio y entorno de trabajo para la productividad. Ser un poco organizado, proactivo y planificado puede ser de gran ayuda para aumentar su productividad.

¿Sabías que el estadounidense promedio gasta 2.5 días cada año en encontrar artículos extraviados? ¡Eso es mucho! Como consecuencia de esto, se gastan más de $ 2.7 en reemplazar estos artículos perdidos. En lugar de gastar dinero y tiempo, comienza a organizarte.

Cada vez que tomas algo de algún lado, observa que se vuelva a colocar en su lugar. Al final de cada jornada laboral, limpia tu escritorio o lugar de trabajo para el día siguiente. Ten un método de gestión de documentos organizado en su lugar. Concéntrate en una sola tarea a la vez. Una de las principales causas de extraviar las cosas es hacer demasiadas cosas a la vez.

La atención plena, conciencia y Limpieza de la Mente

La atención plena se enfoca completamente en el presente de una manera deliberado e intencional sin juicio. Aumenta tu conciencia sobre el presente mientras te hace sentir uno con la tarea que estás realizando actualmente.

La atención plena, la conciencia y la limpieza mental se pueden practicar de varias maneras para aumentar la productividad. El objetivo es despejar su mente del desorden y desarrollar una mayor atención, conciencia, y enfoque. Despeja tu mente usando varios ejercicios de limpieza mental y atención plena.

Respiración consciente: esto se puede hacer en cualquier lugar durante 10-15 minutos (durante el almuerzo, a primera hora de la mañana o en cualquier momento que te sientas cómodo), cada vez que sientas la necesidad de concentrarte, relajarte, tomar un descanso o recargar tus sentidos.

Comienza por sentarte en una posición cómoda en un ambiente libre de distracciones. Pon música suave de fondo si lo deseas. Respira profundamente algunas veces. Inhala profundamente y cuenta de 1 a 5 por cada inhalación. Del mismo modo, exhala profundamente contando de 1 a 5. Experimenta la sensación de oxígeno que entra en la garganta, los pulmones, el diafragma, y el estómago. ¿De qué manera cada parte de su cuerpo se siente cuando el aire entra en ella, mientras que respiras?

Haz esto varias veces hasta que sientas que te concentras solo en tu respiración. No debe haber otros pensamientos en tu mente. Si te encuentras distraído por pensamientos extraviados, no los presiones demasiado, simplemente reconócelos brevemente y déjalos pasar. Haz esto hasta que te sientas enfocado únicamente en tu respiración con pocos o ningún pensamiento que te distraiga o hasta que te sientas cómodo.

El desorden es crítico si desea pasar a la siguiente tarea con mayor enfoque y eficiencia. Después de trabajar en algo por mucho tiempo, nuestro cerebro está lleno de información. Es un bucle tedioso de las tareas anteriores, las próximas tareas, y mucho más. Dale a tu cerebro su muy necesitada la recuperación para hacer frente a la tarea siguiente.

Echemos un vistazo a unos ejercicios de limpieza de mente para aumentar la productividad:

- Meditación - El objetivo de la meditación es calmar su cuerpo, mente, y espíritu para establecer una conexión más profunda con tu ser interior y aumenta tu sentido de conciencia.

  Comienza por estar sentado en una posición relajada y cómoda en una medio ambiente libre de distracciones. Visualiza estar en un ambiente sereno, tranquilo y positivo. Imagínate estar en un lugar que es relajante y energizante a la vez! Puede ser un jardín verde o una montaña o playa / isla. Concéntrate en internalizar los sentimientos que tienes en este espacio relajado y positivo. Imagina cómo se sienten tu mente y tu cuerpo en este lugar. ¿Cuáles son las vistas, los sonidos, y olores que experimentan aquí?

  Una vez que termines, te sentirás rejuvenecido, lleno de energía y con muchas ganas de ir.

- Camina - realiza una caminata larga y pausada al aire libre para tomar aire fresco y oxigenar sus cerebro. La vegetación natural y otras maravillas terrenales pueden hacer mucho bien cuando se trata de despejar la mente.
- Ejercicio - El ejercicio es conocido por impulsar las hormonas de sentirse bien de nuestros cerebros, por lo que nos sentimos con más energía, optimista, positivo y después del ejercicio. Ejercicios cardiovasculares intensos, pesas y otros ejercicios similares puede hacer maravillas para tu cuerpo, mente, y espíritu. El ejercicio no tiene que ser aburrido todo el tiempo. Incluso algo como los aeróbicos, danza, kickboxing, y Zumba pueden elevar tu espíritu.
- Música - pocas cosas son más terapéuticas que escuchar música. Aumenta la secreción de las hormonas 'felices' del cerebro, dejándonos así mentalmente rejuvenecidos. Identifica la canción perfecta para tu estado de ánimo o escucha una interpretación instrumental pegajosa. Es un levantador del ánimo y cambiador inmediato. Se sabe que la música mejora nuestro estado físico, psicológico y espiritual. Si te sientes mentalmente agotado o abrumado entre tareas, coloca música optimista, positivo, y vibrante para reponer su energía.
- Sauna - la sudoración estimula nuestras hormonas de sentirse bien para ayudarnos a experimentar una mayor sensación de positividad y rejuvenecimiento. Combina la sauna con la visualización, la música, y la meditación para obtener resultados aún más lleno de energía.
- Terapia con mascotas - los a fortunados dueños de mascotas pueden aprovechar al máximo esta maravillosa terapia para despejar sus telarañas mentales. Investigaciones han demostrado que pasar tiempo con los animales domésticos puede ser terapéutico. Pasa tiempo con estas lindas criaturitas para recargar tu energía perdida, entusiasmo y

positividad. Su amor incondicional te ayudará a experimentar alegrías simples y felicidad verdadera que a su vez aumentará su productividad general.

- Lectura - déjate llevar a otro mundo si deseas escapar temporalmente de tu desorden mental actual. Leer por placer, evasión, y de entretenimiento cuando se quiere suprimir elementos de la mente. Rodearte de palabras, ideas, y conceptos que te llevan a un mundo mental diferente por completo temporalmente.

Trucos de memoria para aumentar la productividad

Construir una memoria sólida y confiable puede ser de gran ayuda para aumentar nuestra productividad. Consideremos algunos trucos de memoria para aumentar su productividad. Si estás intentando memorizar una gran cantidad de información o hechos, identifica una forma de relacionarlo con un gran árbol de memoria. Construir ramas, seguidas de hojas. Sus ramas y hojas deben tener etiquetas significativas y relevantes. Deben llevar algún significado y valor personal. Esto facilitará la disposición lógica de los hechos.

También se ha demostrado que recordamos trozos de información de manera más eficiente cuando los juntamos. Por ejemplo, ¿no es más fácil recordar 567980 como "567" y "980" en lugar de seis números individuales?

Del mismo modo, para recordar los nombres de manera más efectiva, concéntrate en una sola característica de la cara de un individuo y crea una historia o una representación visual que combine el nombre con la cara. Esto funciona de maravilla para mí. Siempre estoy tratando de conectar un "Rose", con las mejillas rosadas o una Nonny alta y espigada con el amigo de orejas grandes de Noddy. Esta es una forma divertida de recordar nombres y caras que son muy útiles cuando se trata de aumentar la potencia de tu memoria.

Uno de los mejores consejos para aumentar el poder de tu memoria y aumentar la productividad es mantener los ojos cerrados cuando intenta recuperar información importante. Cuando nuestros ojos están abiertos, las áreas de nuestro cerebro se mantienen preocupadas por la visión. Sin embargo, apagarlos ayuda a tu mente a concentrarse en la información que estás tratando de recordar.

Herramientas y aplicaciones de productividad

La tecnología puede ser de gran ayuda cuando se trata de aumentar su productividad. Aprovecha al máximo el uso de una variedad de algunas de las mejores herramientas y aplicaciones de productividad para organizar tu trabajo y tu vida.

- Evernote es una gran opción para los fanáticos de las notas y listas de chequeo. Te ayudará a ordenar tus listas de tareas y te mantendrá al día con las tareas del día. Puedes hacer de todo, desde crear notas hasta bocetos (para lluvia de ideas visuales e ideas para fotos). Hay muchas cosas que puedes hacer y almacenar aquí.

- Plan es otra aplicación eficiente de administración de tareas y calendario que se puede instalar en el escritorio de tu computadora. Ayuda a organizar las tareas, cosas por hacer, y eventos para asegurar que no se te olviden reuniones importantes o dejes tareas sin terminar.

- Google Drive es un salvavidas. Es la superestrella de la productividad de la gran G. Puedes crear, organizar, clasificar y compartir cualquier tipo de archivo con Google Drive. Es una excelente manera para que los equipos y las personas que trabajan de forma remota colaboren en las tareas. Además, funciona eficazmente con cualquier sistema operativo, lo que puede ser un problema importante cuando se trata de usar herramientas y aplicaciones.

- Nuevamente, Wunderlist reúne todas tus listas de tareas en un solo lugar y se asegura de que no olvides una tarea, proyecto, evento o reunión importante. La aplicación te permite compartir la lista con otras personas para que

también se mantengan informados sobre cuánto has progresado.
- SaneBox es una aplicación de organización de correo electrónico que sincroniza bien con cualquier servicio de correo electrónico. Algunos de sus aspectos más destacados son SaneNews que en realidad agrupa todos tus boletines de noticias, revistas, y otras publicaciones periódicas en un solo lugar. También te muestra si tus destinatarios han abierto correos electrónicos.

Establecer metas

Funcionar sin objetivos es como tener el mejor auto y mapa del mundo pero sin saber a dónde ir. Puede tener las mejores herramientas y recursos. Sin embargo, si no sabes a dónde ir, ¿cómo vas a ser productivo?

Hay varias formas de establecer y trabajar en objetivos de manera efectiva. Aquí hay algunos.

Avanza hacia atrás desde la meta. Por ejemplo, supongamos que deseas lanzar su propia línea de ropa como una empresa comercial. Comienzas con este resultado final en mente sin hacer demasiado hincapié en ella. Sabes exactamente dónde quieres estar. Ahora comienzas buscando una unidad de fabricación para instalar la fábrica de ropa o externalizar la fabricación. Luego, buscarás canales de marketing y ventas para crear ruido en torno a tu marca. Buscarás diseñadores y profesionales creativos para diseñar prendas de moda. A continuación, se deben establecer las cuentas y la administración.

Ahora estás creando fragmentos más pequeños de objetivos o submetas para abordarlos uno a la vez. Trabajar hacia atrás a través de cada uno de estas submetas te permiten mantener tus ojos fijos en el objetivo más grande mientras sigues trabajando en el núcleo de su implementación.

Establece submetas o fragmenta metas más grandes en pequeñas submetas para hacer que la tarea sea más factible y tomar una a la vez. Esto te hace sentir menos abrumado.

Hacer mapas visuales funciona maravillosamente bien cuando se trata de establecer objetivos. Si escribir tus metas te parece muy del año pasado, prueba esta técnica de mapeo de metas. Comienza dibujando un círculo grande en el medio de un papel y escribe tu objetivo final en él. Por ejemplo, quiero dejar mi trabajo y convertirme en fotógrafo de tiempo completo.

Ahora, dibuja líneas que emerjan del círculo acerca de todo lo que necesitas hacer para lograr el objetivo. En el ejemplo anterior, deseas convertir tu pasión por la fotografía en una profesión a tiempo completo. ¿Qué necesitas hacer para lograr esto? Busca trabajos de fotografía locales en Internet o en la sección de clasificados del periódicos.

También es posible que desees pulir tu currículum y tu portafolio para atraer trabajos de fotografía lucrativas o renovar tu perfil de LinkedIn e Instagram. ¿Qué tal contactar organizaciones que ofrecen trabajo a fotógrafos independientes? Todo esto proviene de tu objetivo final de convertir una pasión en una profesión rentable.

Si desea aumentar la productividad, ¡establezca metas EMOR! El acrónimo EMOR significa:

Específico - ¿Son tus objetivos precisos y claramente definidos? Los objetivos vagos ofrecerán resultados vagos. Si simplemente dices " Quiero aumentar mis ganancias en los próximos seis meses", no hay claridad ni precisión en el objetivo. Incluso un aumento de $ 1 es un aumento en las ganancias lógicamente. ¿Cuánto quieres que aumenten tus ganancias en los próximos seis meses?

Medible - Es el resultado de tus tareas o el progreso medible? ¿Puedes asegurar el resultado final o el desarrollo con precisión? Cuando estableces objetivos medibles, es más fácil obtener valoraciones sobre el progreso y el desarrollo. El seguimiento y la revisión del rendimiento o el progreso se vuelven mucho más fáciles cuando los objetivos son medibles. Puedes monitorear las valoraciones y cambiar un enfoque si no funciona en función de los comentarios. Más sobre la medición de objetivos más adelante se discutirá en este libro.

Por ejemplo, digamos que estás escribiendo un libro electrónico. Hacer una hoja de cálculo sin complicaciones puede llevar un registro de la cantidad de palabras que puedes escribir en una hora.

Orientado a la acción – ¿Tu objetivo requiere un comportamiento procesable o una línea de acción clara?

Realista – ¿Tu objetivo es alcanzable, práctico, factible y realista? No estoy sugiriendo que no debes tener objetivos desafiantes o casi imposibles. Sin embargo, tus objetivos deben ser lo suficientemente realistas como para motivarte e inspirarte en la dirección correcta. Si son demasiado exagerados e inalcanzables, tus objetivos pueden terminar desmotivándote.

Crea objetivos EMOR. Comprueba si tus objetivos son específicos, medibles, orientados a la acción y realistas. Al utilizar la estrategia de objetivos EMOR, compromete todos tus objetivos en papel. Una vez que te comprometes con algo por escrito, aumentas tu capacidad para cumplirlo. Es menos probable que retrocedas en tus objetivos una vez que te comprometas con ellos en papel. Investigaciones indican que comprometer los objetivos en papel aumenta tu productividad y rendimiento en aproximadamente un 25%.

Practica el método de hacer bocetos libres, escribir pensamientos y diarios. Si alguien me diera un centavo por cada vez que mi mente se desvía, sería millonario. ¿Te imaginas lo desatados e indómitos que son nuestros pensamientos? Y hay muchas percepciones que ocurren cuando se permite que estos pensamientos no se restrinjan. Aprovecha esta creatividad para lograr tus objetivos y mantén tus ojos fijos en el panorama general. Confía en mí; las ideas pueden ocurrir en cualquier lugar. No monitorees, evalúes ni juzgues tus ideas. Simplemente sintonízalos. A menudo, es tu subconsciente o intuición tratando de comunicarse contigo. Evita juzgar las ideas en función de cuán prácticas o realistas sean, y en su lugar, concéntrate en las ideas y posibilidades que te ofrecen. Tengo una pequeña libreta con la que llevo a todas partes en busca de ideas, y las apunto cada vez que las veo. Puede suceder mientras caminas, miras comerciales de televisión, ves un acaparamiento mientras conduces, te duchas o casi en cualquier lugar. Me aseguro de que estas ideas se apunten tan pronto como las vea. Si no, probablemente se pierdan.

Crea una atmósfera para impulsar tu creatividad. ¿Qué tal crear un rincón de creatividad en tu hogar o patio? Toca música suave y sumérgete en el ritmo del proceso de pensamiento. No te compliques acerca de si tus ideas son positivas o negativas, buenas o malas, tontas o realistas - simplemente enfócate en la idea. Las ideas y los objetivos son los esqueletos de la productividad. Cuando los haces fluir, hay una mayor productividad y resultados sobresalientes.

¿Cuáles son las diferentes formas de lograr algo? Por ejemplo, supongamos que deseas viajar alrededor del mundo y deseas encontrar una manera de financiar tus viajes. ¿Cuáles son las diferentes formas de lograr esto? ¿Cuál es el cuadro más grande o el objetivo? ¿Quieres llevar una vida más aventurera y emocionante? ¿Quieres alejarte de un aburrido trabajo de escritorio de 9-5? ¿Deseas construir algo interesante que insta a las personas a abandonar una vida normal a cambio de una vida llena de acción y aventura? A algunas personas les gusta esbozar sus ideas, mientras que a otras les gusta escribirlas. Crear un objetivo más amplio y, a continuación, crear submetas alrededor del objetivo más grande. Aclara exactamente manteniendo tus ojos en la imagen más grande antes de comenzar a hacer algo.

Una de las cosas más importantes sobre la creación de objetivos satisfactorios es medirlos, revisarlos y evaluarlos periódicamente. Medir, evaluar, y revisar tus objetivos a intervalos regulares para evaluar exactamente dónde te encuentras cuando se trata de progreso y el desarrollo conectado a la meta. ¿Dónde te encuentras actualmente en lo que respecta al objetivo? A veces, puede ser difícil medir objetivos con precisión. Todo lo que puedes hacer en estos casos es seguir registrando los resultados y evaluarlos en función del objetivo más amplio.

Supongamosque tu objetivo final es controlar tu ira. Deseas evitar ataques de ira o arrebatos de rabia que te causen mucha angustia en la vida. ¿Cómo vas a medir este objetivo? Digamos, por ejemplo, que has decidido no controlar tu ira durante el próximo mes, por más que la gente trate de provocarte. ¿Cómo se puede medir esto? Puedes mantener un registro de instancias en las que experimentes un impulso imperioso de lanzarte a un ataque de ira pero resistes. Esto se puede hacer semanalmente o diariamente. Puedes notar la cantidad de veces que has tenido un ataque de ira. ¿Cuántas veces te resististe a ceder a la ira? ¿En cuántos casos fallaste en controlar tu ira? ¿Qué palabras o acciones resultaron directamente de tu ira? ¿Estaba justificado tu enojo o actuaste con un impulso abrumador? ¿Perdiste tu ira en otra parte?

En el ejemplo del manejo de la ira, ¿en cuántos casos resististe gritarle a alguien? ¿Cuál fue la última vez que tuviste un ataque sin una razón clara? ¿Cómo expresas tu ira ahora? ¿Hay algún cambio observable dentro de la frecuencia o naturaleza con la que expresas actualmente tu ira?

La medición y revisión de objetivos es parte integral del proceso de productividad, ya que ayuda a una persona a mantenerse en el camino con sus objetivos mientras trabaja en estas tareas de una manera enfocada, dedicada y decidida.

Continúa midiendo, revisando y evaluando tu progreso para mantenerte al día con tus objetivos. Algunos objetivos se pueden medir con mayor precisión, mientras que otros no son fáciles de registrar o medir. Por ejemplo, si te has inscrito a estudiar una carrera y terminas cada trabajo para ganar tu muy deseado título, tú sabes exactamente dónde te encuentras una vez que los trabajos son evaluados. En este caso, es fácil medir si has sido productivo o no. Conoces tu puntaje en cada materia o trabajo.

Revisar y medir tus objetivos tiene varias ventajas. Para empezar, evaluar el progreso puede ayudarte a comprender si las cosas van según lo previsto. ¿Necesitas cambiar tu estrategia o adoptar un enfoque diferente cuando se trata de cumplir el objetivo? ¿Necesitas aumentar la productividad o utilizar diferentes formas para cumplir tus objetivos? Uno de los mayores beneficios de medir objetivos es que puedes desviarte o cambiar / reelaborar tu estrategia si no ofrece los resultados deseados. Crea un diario de objetivos para seguir el registro y medir tu progreso.

Propósito de la vida

Una investigación de 2016 publicada en el Journal of Research and Personality concluyó que las personas que tenían un claro sentido de propósito tienden a ganar más dinero que las personas que sienten que su trabajo carece de propósito o significado. La buena noticia aquí es que no tienes que elegir entre lograr tus objetivos financieros o ser productivo y vivir una vida significativa. De hecho, mientras más fuerte es tu propósito, más productivo será.

¿Alguna vez te has preguntado por qué quieres lograr lo que quieres? Sí, todos tenemos metas, sueños, y deseos que queremos cumplir. Eso es exactamente por qué estás leyendo este libro. Pero, ¿realmente sabes por qué realmente lo quieres? Por ejemplo, una vez le pregunté a uno de mis clientes sobre por qué querían dejar su trabajo y poner en marcha una nueva empresa. El joven declaró de manera muy honesta y de hecho que quería un automóvil grande, una gran mansión, las mejores vacaciones que pudiera permitirse y otras posesiones similares. Formulé la pregunta nuevamente, y él dio las mismas respuestas. Al preguntarle por tercera vez, se molestó y se rompió. Entonces le dije al joven que él sólo estaba usándolos medios para lograr un fin y no el fin en sí. Creo que él experimentó su momento de "Eureka" a partir de entonces y declaró: "Quiero que todo esto ofrezca a mi familia la vida mejor y más cómoda, algo que no pude disfrutar mientras crecía".

¿Cuál es el " por qué " que te lleva a tus metas y sueños? Identificar este ' por qué ' es crítico porque cada vez que te encuentras holgazaneando con tus objetivos, este ' por qué ' viene en tu rescate para recordarte la gran razón o la gran imagen. Cuando tu " por qué " está claramente definido, el " cómo " no plantea un problema. Invariablemente caerá en su lugar. Cuando sabes por qué quieres algo o tienes una razón de peso para querer algo, tu mente trabajará en el cómo. Cuando incrustamos o imprimimos profundamente una idea en nuestra mente subconsciente, dirige nuestras acciones en línea con esta idea o creencia. Es más o menos el mismo principio que usamos al abordar la procrastinación utilizando la auto-hipnosis.

Cuando su propósito de vida o " por qué " está claramente definido, te motiva a perseguir tus metas con entusiasmo y energía adicionales. Cuando conozcas tu propósito superior para querer lograr algo, darás todo lo que tienes.

El 'por qué' te mantiene atravesando canales difíciles y te ayuda a mantener el rumbo. Cada persona tiene un claro "por qué" que necesita ser aprovechado y descubierto. No todos trabajan con el mismo conjunto de 'por qué'. Mientras que alguien puede trabajar duro para dar a sus hijos una vida cómoda y fácil, otra persona puede trabajar duro para ganar suficiente dinero para viajar por el planeta. Alguien puede querer lanzar una ONG sobre una causa muy cercana a su corazón, mientras que otros pueden querer establecer una academia de baile. Cada uno de nosotros tiene un propósito de vida que nos impulsa. Identifica tu propósito de vida o por qué como el primer paso para lograr tus objetivos o ser productivo.

Cuando los retos te retengan, tu 'por qué' te permitirá elevarte, sacudirse el polvo y seguir adelante en la dirección correcta. Es nuestro ' por qué ' que finalmente sustenta nuestros esfuerzos en la dirección correcta.

Aquí hay algunas formas de definir tu propósito de vida:

1. Dona tiempo, dinero, esfuerzo o talento desinteresadamente - si hay un consejo que puede ayudarte a descubrir tu verdadero propósito en la vida, sería este. La investigación realizada por la Florida State University ha descubierto un

fuerte vínculo entre tener una red social poderosa y una vida más feliz y decidida.
2. Está abierto a la retroalimentación: a veces, puede ser un desafío reconocer cosas que nos apasionan o nuestro propósito en la vida. Puedes disfrutar hacer varias cosas o pueden ser tan profundamente alojado en tu vida que puedes no darte cuenta de que son integrales en tu existencia. En ese escenario, la retroalimentación y las ideas de otros pueden ayudar. Existe una posibilidad real de que ya estés demostrando tu pasión a otros inconscientemente sin siquiera darte cuenta.
3. Rodéate de gente positiva: las personas positivas y orientadas a los objetivos te ayudarán a identificar tu propio propósito de vida. ¿Piensas en qué es lo que tienes en común con las personas a las que te siente atraído? No pienses en las personas con las que estás forzado u obligado a pasar tiempo, como miembros de la familia o compañeros de trabajo. ¿Qué tienes en común con las personas con las que desea pasar tiempo? Puede ayudarte a aprovechar tu propio propósito de vida.

La gente con la que eliges rodearte puede revelar mucho sobre ti. Si optas por pasar tiempo con personas positivas, productivas y decididas, invariablemente te sentirás inspirado.
4. Explora y descubre tus intereses. ¿Algún tema en particular que te apasiona cuando hablas o escribes sobre él? ¿Hay algún tema que casi siempre discutes fervientemente en Facebook? ¿El tema casi siempre figura en tu estado de Facebook o Twitter? ¿Compartes y publicas regularmente artículos relacionados con un nicho, tema o problema? ¿Hay imágenes en Instagram en las que estás constantemente participando? Digamos, por ejemplo, presionas me gusta y comentas imágenes relacionadas con la danza, la jardinería o el arte abstracto.

¿Cuáles son las conversaciones que generalmente disfrutas con los demás? ¿De qué cosas te gusta hablar? ¿Siempre compartes consejos para ahorrar o invertir dinero? Identificas las cosas que te dan una sensación de satisfacción y gratificación cuando hablas de ellas. Las cosas que disfrutas hablando y compartiendo en las redes sociales pueden ser la clave para desbloquear tu verdadera pasión y propósito en la vida.

5. Lo que la realidad sobre ti hará que tu antiguo ser llore. Éste es un verdadero asesino cuando se trata de desbloquear tu propósito en la vida real. Piensa en algo que sea cierto acerca de ti hoy que hará llorar a tu antiguo ser. Por ejemplo, puedes haber disfrutado escribiendo cuentos como un niño por el puro placer de hacerlo. Luego, como adulto, puedes haber dejado de escribir de repente. Puede que ni siquiera recuerdes por qué dejaste de escribir. Tal vez la realidad se hizo cargo. Tenemos la tendencia a perder el contacto con nuestro niño interior o la mayoría de las cosas que amamos hacer de niños. Para identificar tu verdadero propósito y usarlo para impulsar tu productividad, establece una conexión con tu niño interior. No permitas que las presiones sociales o profesionales rompan su conexión con su niño interior y deje de lado su pasión.

6. Hazte algunas preguntas importantes.

Aquí está la lista de verificación de mi propósito de vida o algunas preguntas que insto a las personas a hacerse para identificar su propósito de vida:

- ¿Cuáles son algunos de tus talentos, regalos, capacidades, y habilidades más inherentes?
- ¿Qué es lo que puedes hacer mejor que la mayoría de las personas o es algo en lo que eres realmente bueno sin mucho entrenamiento y esfuerzo?

- ¿Cuáles son tus fortalezas y limitaciones? ¿Cuáles son tus puntos fuertes que pueden utilizarse como una fuente rentable de ingresos?
- ¿Qué te gusta hacer en tu tiempo libre?
- ¿Qué te sientes cómodo haciendo?
- ¿Cuáles son las cosas que te canalizan la alegría y la felicidad interior?
- ¿Cuáles son las cosas que harás felizmente aunque no te paguen?

El objetivo de estas preguntas es ayudarte a desarrollar una comprensión más profunda de lo que te apasiona o lo que desencadena tu chispa interior. Esto te acercará a tu propósito de vida y facilitará una mayor productividad y positividad.

Tener un propósito es crítico para lograr el éxito porque te mantiene en el camino cada vez que te alejas de tus objetivos.

Un nuevo recluta fue al gerente de Recursos Humanos y mencionó que ya no quería trabajar en la organización. Cuando se le preguntó por la razón de su decepción y la desilusión, respondió que la organización estaba llena de negatividad, donde los compañeros de trabajo hablaron mal de uno al otro a la espalda, usaba la política sucia, y chismeaban mucho.

Luego, el gerente de Recursos Humanos le dijo al joven recluta que podía abandonar la organización si lograba cumplir una tarea que estaba a punto de asignarle diligentemente. El joven, ansioso por dejar su lugar de trabajo lleno de negatividad, estaba feliz de complacerlo. Se le pidió que tomara una jarra llena de agua y caminara por todo el lugar de trabajo sin derramar una sola gota. Después de terminar la tarea, el gerente de Recursos Humanos aceptaría la carta de renuncia del empleado.

El chico se puso a trabajar rápidamente y caminó con éxito tres veces por todo el lugar de trabajo sin derramar una sola gota. Más tarde, fue a su gerente de Recursos Humanos y le dijo que había hecho lo necesario, y que ahora debería dejarlo renunciar. El gerente de Recursos Humanos le preguntó si había escuchado a otros empleados cotillear sobre él o reírse de él mientras cargaba la jarra de agua. ¿Pasó tiempo escuchando lo que la gente hablaba de él? Él dio una respuesta negativa. El gerente luego le preguntó si alguien veía negativamente al nuevo recluta cuando llevaba el agua por toda la oficina. Él respondió en negativo otra vez.

Luego, el gerente fue a decirle al empleado que ahora que tenía un objetivo claro y explícito de evitar que se derramara el agua, que estaba estrechamente relacionado con su propósito fundamental de querer renunciar a la organización. Nada de lo alguien dijera o hiciera hacía ninguna diferencia para él. Estaba operando con un claro sentido de propósito que aseguraba que ninguna distracción se interpusiera en su camino. Es casi lo mismo cuando se trata de productividad. Cuando se tiene un objetivo claramente definido, las pérdidas de tiempo y las distracciones rara vez pueden alejarte de él.

Hay muchas personas en todo el mundo que trabajan muy duro o realizan horas intensivas de trabajo. Sin embargo, solo unos pocos saben exactamente por qué están trabajando duro y estas son las personas que pueden sostenerlo todo hasta el final hasta que se logre su objetivo. Esto se debe a que operan con un claro sentido de propósito. ¿Cómo serás productivo fijándote firmemente en tus objetivos cuando ni siquiera sabes qué es exactamente lo que quieres? ¿En qué estás trabajando exactamente en la vida? ¿Es probable que llegues a tu destino si olvidas ingresar una dirección en tu GPS? La riqueza no es un objetivo definitivo. ¿Cómo te darás cuenta de que has ganado suficiente dinero para cumplir el objetivo de ganar aún más dinero? ¿Cuánto es realmente ese "más"? ¿Significa más dinero una casa más grande, un automóvil caro, una escuela de baile, unas lujosas vacaciones familiares o algo más?

Establece objetivos claros y ten tus 'por qué' en su lugar para canalizar o conducir tu productividad. Cuando tengas por qués claros, sabrás cuándo se han cumplido exactamente o cuándo los has logrado. Mantén tus 'por qués' claros, bien definidos y definitivos.

Híper Enfoque en una sola pregunta Tarea

Digamos que tienes 5 macetas y una lata de agua. Ahora, obviamente, no hay suficiente agua para las 5 macetas. En la necesidad de regar las 5 macetas, terminas dividiendo el agua disponible en 5 porciones iguales y riegas cada una de ellas. El resultado: ninguna de estas plantas crece porque simplemente no hay suficiente agua para todas. Imagine los resultados si se hubiera centrado en una sola planta con flores en lugar de las cinco. Hubiera estado lo suficientemente nutrida y florecida. Esto es más o menos como nuestro tiempo, energía y esfuerzos deben ser híper centrados en una sola actividad para lograr los mejores resultados. Si intentas concentrar tu tiempo, atención y energía en múltiples macetas con flores, ninguna de ellas puede crecer. Puedes terminar ralentizando su proceso de crecimiento. En contraste, el enfoque láser en una sola tarea le ayudará a prosperar y florecer. Resultados excepcionales requieren un enfoque intensivo, tiempo, energía y esfuerzo. Nuestros cerebros solo pueden procesar una cantidad limitada de información o realizar funciones limitadas. Cuando te mantienes cambiando entre tareas e intentas hacer demasiado a la vez, ninguna de ellas se terminará de concretarse.

Puedes lanzar tantos negocios como desees. Lanzar una empresa o realizar múltiples trabajos es fácil. Lo más importante es la forma en que termines o las construyas y las haces crecer con éxito al híper enfocarse. Cuando haces demasiado de una vez, te estás exigiendo demasiado. Al asumir varias tareas a la vez, estás dispersando tus valiosos y limitados recursos (agua) para alimentar múltiples empresas, trabajos o tareas. Tus recursos limitados no son suficientes cuando se trata de hacer crecer varias empresas o tareas a la vez. ¿Todas tus tareas, negocios o trabajos crecen juntos, aportando valor y ayudándote a lograr resultados sorprendentes? Hay poca oportunidad.

El CEO de Apple, Tim Cook, dijo una vez cómo Steve Jobs inculcó una sensación enfoque láser en una sola tarea a cada empleado. Se instó a todos los empleados que trabajaban para la organización a centrarse en lo que mejor hacían en lugar de asumir demasiadas tareas a la vez. Es bastante simple seguir agregando a tu portafolio. Sin embargo, es difícil mantenerse enfocado y ver una sola tarea hasta su finalización productiva. Este es el mantra de los ricos y exitosos cuando se trata de aumentar la productividad y ser más eficientes. A pesar de que pueden tener varias empresas y fuentes de riqueza, rara vez enfocan su energía, atención, y esfuerzo en más de una tarea.

Capítulo Tres: Gestión del Tiempo

Un profesor trajo tres bandejas diferentes de guijarros, piedras grandes, y la arena a la clase. Le pide a un estudiante voluntario que vacíe las tres bandejas en una cubeta. Un estudiante se acerca al frente de la clase y comienza a realizar la tarea diligentemente. Comienza con la arena, seguido de guijarros y finalmente intenta vaciar las rocas. Sin embargo, para su consternación, no puede meterlo todo en el cubo.

El profesor luego se dirigió a la clase y anunció que solo el estudiante había llenado el cubo con rocas primero y luego con guijarros y finalmente arena, habría sido capaz de acomodar todo.

Así es precisamente cómo funciona la gestión del tiempo. Se trata de la organización de sus rocas, guijarros, y la arena para que quepa todo en un cubo limitado de 24 horas al día. Enfócate primero en abordar las tareas más desafiantes y más grandes, seguidas de las de tamaño mediano y pequeño. Cuando nos enfocamos primero en tareas más pequeñas, hay una tendencia a pasar más tiempo obsesionado con lo que se requiere. En nuestro gusto por la perfección una y analizar demás, podemos pasar más tiempo de lo necesario en ella. Esto deja poco tiempo para tareas medianas y grandes.

En esencia, el concepto de gestión del tiempo se trata de organizar, programar y planificar tus recursos de tiempo disponibles para lograr la máxima productividad. Si no reservas suficiente tiempo para las grandes rocas, los guijarros y la arena ocuparán todo tu tiempo.

El tiempo es verdadera riqueza porque una vez que se ha ido nunca puede volver. No puede retroceder el tiempo por mucho que quieras cambiar algo. Todos tienen las mismas 24 horas en un día (a menos que tenga acceso a algún dispositivo secreto o súperpoder). Sin embargo, algunas personas logran hacer mucho con su tiempo, mientras que otras se quejan de que nunca tienen tiempo para nada.

¿Cómo es que algunas personas siempre tienen el tiempo para terminar su tarea a tiempo mientras que otras luchan por encontrar tiempo para equilibrar el trabajo y las actividades de ocio? ¿Cómo es que algunas personas no solo completan sus tareas a tiempo sino que también disfrutan de sus pasatiempos mientras que otras apenas pueden cumplir con los plazos?

¿Cómo es que algunas personas siempre trabajan antes de su horario mientras otras personas corren como gallinas sin cabeza tratando de terminar las tareas en el último momento? Se trata de la gestión del tiempo. La forma en que utilizas las 24 horas disponibles puede marcar la diferencia en tu productividad y eficiencia.

Estas son algunas de las mejores técnicas de gestión del tiempo que pueden hacer que tu productividad se dispare:

1. Crea una lista de cosas para hacer en el día en función de los cuatro cuadrantes que discutimos en el capítulo anterior. A medida que completes cada tarea, márcalo en la lista para darle un sentido de logro, éxito, y cumplimiento de completar cada tarea, lo que motivará para asumir más tareas.

   Usa tu tiempo de inactividad de manera astuta. Tenemos un montón de tiempo de inactividad o de relleno a través de todo el día que se puede utilizar para hacer tu lista de tareas. ¿Qué tal utilizar tu tiempo de viaje para planificar, programar y organizar las tareas de todo el día? El tiempo de viaje también se puede usar para escuchar audiolibros o podcasts.

   Evita dedicar cada momento de tu tiempo libre a organizar y planificar el día, lo que puede resultar contraproducente para el proceso de productividad y gestión del tiempo. Si tienes alrededor de 15-20 minutos libres, dedica cinco minutos para organizar la tarea del día.

   Aprovecha al máximo tus fines de semana también. Ahora estoy sonando como un temido monstruo de la productividad. Sin embargo, te sorprenderá de cuánto puedes lograr incluir utilizando tus fines de semana. Hay un meme en los medios de comunicación social sobre un hombre lanzando papeles en el aire en la noche del viernes y diciendo algo como: "**** te, es viernes." La siguiente imagen es del mismo hombre recogiendo papeles tirados en la noche del viernes, el lunes por la mañana. ¡Bastante poderoso, si me preguntas! Incluso un poco de planificación y trabajo inicial durante los fines de semana puede ayudar a aliviar la presión de la próxima semana. Puede ser algo tan sencillo como crear un borrador o planificar tu semana.

Pasa entre 2 y 4 horas diarias haciendo tareas productivas los fines de semana. Todavía tendrás mucho tiempo para relajarte y descansar durante los fines de semana. Intenta realizar tareas durante los fines de semana y el tiempo de relleno durante todo el día, y observa cuánto más podrás hacer.

Algunas de las personas más exitosas planifican toda su semana un día antes de que comiencen las semanas. Esto los mantiene enfocados en prioridades mientras se deslizan sin problemas hacia la próxima semana. Una vez que entras en un modo de fin de semana relajado, es difícil cambiar repentinamente a un modo de lunes más productivo. Haz la transición menos desigual y más suave al comenzar el domingo mismo.

Entrar en tu semana laboral con un plan claro te ayuda a concentrarte en las prioridades. Podemos pasar sin esfuerzo de una mentalidad casual y relajada de fin de semana a un cerebro orientado a la acción el lunes por la mañana si mantenemos todo listo el domingo anterior. Toma un par de minutos el domingo para hacer un plan para toda la semana. Elimina la procrastinación fragmentando objetivos semanales en tareas diarias así que cada vez que necesites hacer algo, todo lo que tienes que hacer es echar un vistazo a tu lista de tareas pendientes.

Ten en cuenta que tu energía, entusiasmo, y creatividad se mantienen fluctuantes a través de la semana. Programa tareas de bajo esfuerzo y prioridad para el lunes y otros momentos en que tu energía y espíritu sean relativamente bajos. Del mismo modo, programa tareas exigentes, creativas y desafiantes los martes y miércoles cuando se sabe que tu productividad está en su punto máximo. Programa reuniones y sesiones de lluvia de ideas el jueves cuando la energía del equipo comience a disminuir. Usa el viernes para la creación de redes, haciendo un control de la semana y la planificación.

2. Establece recordatorios frecuentes. Si no deseas retrasarte en tu planificación y aprovechar al máximo tu tiempo, establece recordatorios, alarmas y alertas de fecha límite en tus dispositivos a intervalos frecuentes en lugar de la fecha límite final. Establecer recordatorios a intervalos regulares para las sub - fechas límite te ayuda a mantenerte en el camino con la fecha límite final, en lugar de esperar hasta el último minuto.

Por ejemplo, si tienes un proyecto que se presentará en las próximas 4 semanas, establece recordatorios no solo al final de los 28 días, sino también los días 7, 12, 18, 24 y 28. Esto asegura que estás en camino con las tareas requeridas para completar el proyecto. Te recuerdan periódicamente la tarea y el camino en lugar de corretear tratando de terminarla al final de la fecha límite.

3. Sé un madrugador. ¿Sabías que algunas de las personas más exitosas del mundo forman parte del club 5 AM? Y aquí estás, durmiendo cómodamente y preguntándote por qué no logras conseguir la riqueza y el éxito que ellos tienen. Es una cuestión de gestión del tiempo, de disciplina, y de

elección. Eliges tus acciones y eventualmente impactan tus posibilidades de éxito.

Si me preguntas mi técnica favorita gestión del tiempo, seria levantarme temprano y comenzar tan pronto como sea posible. Te da una ventaja como pocas otras cosas. Vale la pena mencionar la famosa cita de Mark Twain. Él dijo: "Si es tu trabajo comer una rana, es mejor hacerlo a primera hora de la mañana. Y si es tu trabajo comer dos ranas, es mejor comer primero la rana más grande". Esto lo dice todo sobre las tácticas de gestión del tiempo.

Si te sientes intimidado por la perspectiva de tener que hacer mucho en un día, comienza temprano. Mantén todo lo relacionado con la tarea lista la noche anterior para eliminar el desperdicio de tiempo, como tratar de averiguar por dónde comenzar.

Por ejemplo, digamos que estás trabajando en un informe crucial basado en hechos y estadísticas que has estado acumulando durante un tiempo. Asegúrate de que toda tu investigación esté perfectamente organizada en una carpeta o documento para facilitar el acceso. Cuando tengas todo lo que necesitas para comenzar, es fácil ingresar al modo de acción rápida y tomar impulso.

Sin embargo, si pierdes el tiempo tratando de averiguar por dónde comenzar, se ralentiza el proceso de comenzar y completar la tarea. En el ejemplo anterior, si todos sus datos y estadísticas son fácilmente accesibles para ti, es más fácil comenzar.

Del mismo modo, si tienes una presentación importante o una reunión prevista para el día siguiente, mantén tu ropa y todo lo demás listo el día anterior para que no pierdas el tiempo ni gastes tu energía tratando de localizar cosas. Una gran parte de nuestro tiempo de la mañana se gasta en qué ponerse y planificar nuestro look para el día. Si mantienes todo listo el día anterior, es más fácil concentrarse en la gran tarea.

Además, si tienes muchas cosas para el día y todas son cruciales, aborda primero la tarea más desafiante. El objetivo es terminar la tarea más dura y más lenta (¿recuerda el ejemplo de arena, guijarros y rocas del profesor?) al mediodía. Una vez que completes una tarea abrumadora, experimentarás una mayor sensación de logro. Esto te inspirará a completar las otras tareas con un marco mental más optimista y orientado a la acción.

Cuando sepas que tienes mucho por terminar al día siguiente o tienes un largo día de trabajo por delante, evita quedarte despierto hasta tarde. Pocas cosas obstaculizan tu productividad y gestión del tiempo que la falta de sueño. Duerme temprano y disfruta de un descanso ininterrumpido durante 8-9 horas para despertarte fresco y rejuvenecido el día siguiente. La falta de sueño puede hacerte irritable, falto de energía, e incapaz de enfocarte (bajo en el estado de alerta mental y concentración).

Una de las peores cosas que puedes hacer para que alcance su productividad y la gestión del tiempo es sumergirse en un día sin ninguna idea acerca de dónde empezar. Imagínate tratando de pasar media hora tratando de averiguar por donde comenzar o lo que hay que hacer durante el día cuando este tiempo podría haber sido utilizado para iniciar las tareas del día y terminar temprano. Ahora completarás la tarea tarde, lo que no te dará mucho tiempo para planificar las actividades del día siguiente. Sin saberlo estás atrapado en un círculo vicioso. Evita pasar de una tarea a otra y perder tiempo. Planifica tu día con anticipación para disparar tu productividad.

Siempre recomiendo limpiar el escritorio el día anterior y hacer una lista de las cosas que deben completarse al día siguiente. Se conoce como el método de descompresión.

Experimentarás una sensación de positividad, rejuvenecimiento, y frescura, una vez que entres en un escritorio luciendo más pulcro, más organizada y más limpio. Llega un poco temprano al trabajo y comienza a armar el material de trabajo que necesitas para comenzar el día con una explosión. Este consejo puede ser, literalmente, lo único que impacta tu productividad durante el día.

4. Usa el tiempo de espera productivamente. Usa bien tu tiempo de espera. Tenemos mucho tiempo de espera que se puede utilizar para aumentar la productividad y aprovechar al máximo nuestro tiempo disponible. Por ejemplo, en el aeropuerto, en la cafetería esperando nuestro pedido, en los consultorios médicos, etc. Aprovecha al máximo este tiempo de espera para realizar pequeñas tareas como crear un esquema general para un proyecto, lluvia de ideas, ideación, programación de eventos para el próximo día, enviando correos electrónicos y mensajes, etc. No puedes hacer muchas tareas desafiantes y concentradas en ese momento. Por lo tanto, es mejor tomar una perspectiva más ligera que pueda liberar una gran parte de su tiempo de "hacer". Hay mucho trabajo básico que puedes hacer dentro de estos pequeños espacios de tiempo. Y todos sabemos que una base sólida conduce a una estructura sólida.

5. Aprovecha el tiempo, el esfuerzo y las habilidades. ¿Alguna vez te preguntaste por qué algunas personas se las arreglan para lograr resultados notables y otros simplemente sudan tinta a pesar de que todo el mundo tiene las mismas 24 horas en un día? Es mucho trabajar de manera inteligente y hacer un uso inteligente del tiempo al aprovechar el tiempo, el esfuerzo y las habilidades.

Por ejemplo, tienes 24 horas al día, de las cuales sólo 12-15 horas como máximo pueden ser utilizadas para actividades productivas. Si trabajas incluso durante 15 horas al día, cinco días a la semana, estás registrando un tiempo productivo que vale 75 horas, y probablemente te estás agotando.

Ahora contrasta esto con el aprovechamiento del tiempo, los esfuerzos y las habilidades de otras personas. ¡Contratas a 3 personas que trabajan 40 horas cada semana, lo que hace que sean 120 horas a la semana! ¿Ver la diferencia? Correr un maratón limitará tu alcance para crecer. Solo hay un tanto que puedes lograr trabajando solo.

Sin embargo, si usas un regulador, hay muchas cosas que puedes hacer. Al aprovechar el tiempo, el esfuerzo y la energía de otras personas, no te estás agotando. Todos están aportando un poco para contribuir a la productividad general en lugar de que una persona intente hacer todo. La mayoría de las personas exitosas de todo el mundo se dan cuenta del valor de aprovechar el tiempo, las habilidades y el esfuerzo. Construyen imperios con el tiempo, los esfuerzos y las habilidades de otras personas.

Delega y terceriza las tareas que consumen más tiempo. ¿Recuerdas la regla 80-20 de Pareto? Solo el 20 por ciento de los esfuerzos contribuyen al 80 por ciento de sus resultados. ¿Por qué pasarías el otro 80 por ciento de tu tiempo haciendo otra cosa? ¿No te gustaría aumentar tus resultados invirtiendo más tiempo en lo que claramente funciona para ti? Delega las tareas y responsabilidades que ocupan una parte importante de tu tiempo. Al principio puede ser complicado lograr que alguien más haga tu trabajo. Sin embargo, si no entrenas a las personas y no delegas responsabilidades, correrás el maratón solitario y básicamente limitarás tus resultados. Delegar tareas y tercerizar puede ahorrar tiempo de manera inteligente. Reduce tu carga de trabajo y te permite concentrarte en las tareas que están dando resultados. Además, al híper enfocarte en una tarea, estás impidiendo que tu cerebro se ralentice. Ahora sabemos que la multitarea es una mala idea.

Para aumentar la productividad y hacerte más eficiente, pasa más tiempo en las tareas que te ofrecen resultados mientras que delegas tareas que consumen tiempo a otros. Puedes otorgar responsabilidades a los miembros del equipo capacitándolos y guiándolos o contratar freelancers calificados y con experiencia. La contratación de personas desde su casa puede significar una inversión inicial y formación, pero puede valer la pena en el largo plazo.

6. Identifica y elimina los consumidores de tiempo Haz este ejercicio rápido para evaluar dónde pasas la mayor parte de tu tiempo. Lo llamé una auditoría del tiempo diario. Haz una auditoría de siete días sobre dónde estás gastando tu tiempo. Graba todo en un teléfono, cuaderno o diario. ¿Qué estás haciendo ahora? Divídelo en bloques de 30 o 60 minutos. ¿Has logrado hacer muchas cosas hoy? ¿Se invirtió tu tiempo efectivamente?

¿Perdiste tiempo o hiciste actividades improductivas? Si estás utilizando la técnica de cuatro cuadrantes, clasifica tus actividades basándote en los cuatro cuadrantes. Al final de cada semana, cuenta todos tus números. ¿Dónde pasaste una gran parte de tu tiempo? ¿En qué cuadrante encaja la mayoría de tus actividades? ¡Los resultados pueden aturdirte! A veces, creemos que estamos siendo productivos cuando claramente no lo somos. Vivimos bajo la ilusión de que estamos obteniendo mucho debido a la multitarea. Sin embargo, nuestra capacidad cerebral y la eficiencia reciben un golpe cuando hacemos demasiadas cosas a la vez. ¿Estás logrando la productividad y eficiencia deseadas o simplemente estás asumiendo muchas cosas para hacer?

Los malos hábitos son los mayores consumidores de tiempo creados solo para reducir la productividad. Lo más devastador de estas pérdidas de tiempo es que nos dan la sensación de lograr mucho. Por ejemplo, podemos seguir navegando por la red durante horas diciéndonos que estamos investigando o buscando ideas. ¿Puedes imaginar el derrochador uso del tiempo al estar en Instagram, Facebook, o Pinterest durante horas tratando de reunir ideas? En cambio, haz una búsqueda rápida y vuelve a trabajar.

Usaun temporizador si es necesario. Me parece que esto funciona bien para mí. Cada vez que me siento tentado a investigar o encontrar ideas en Internet en medio de mis horas de trabajo, mido mi navegación por Internet y las redes sociales. Configura un temporizador para los próximos 5-10 minutos. Una vez que suena, se acabó tu tiempo de navegación o de ideación y vuelve al trabajo. Del mismo modo, tómate un tiempo cuando se trata de chatear por teléfono.

Una de las pérdidas de tiempo más grandes que he visto es revisar y responder correos electrónicos durante todo el día. Nuestro buzón sigue sonando durante todo el día y estamos tentados a revisar y responder a cada condenado correo electrónico en medio de otra cosa, lo que mata el impulso de la tarea actual en cuestión. Evita hacer esto. En su lugar, reserva un tiempo para revisar y responder tus correos electrónicos (a menos que sea absolutamente urgente). Sigue preguntándote si en lo qué estás pasando tiempo está agregando algún valor real a tus tareas o productividad en general.

Navegar por las redes sociales, juegos virtuales tontos, maratones de series de TV y así sucesivamente son todas las pérdidas de tiempo y los hábitos negativos que minan tu tiempo y eficiencia. Usa bien tu tiempo si quieres lograr tus objetivos. La diferencia fundamental entre ganadores y perdedores es que estos últimos son capaces de retrasar la gratificación se concentran en lo que hay que hacer al tiempo que su visión está firmemente fija en el cuadro más grande. Ellos se centran en recompensas a largo plazo que impulsan tus objetivos a través de la utilización óptima de los recursos de tiempo valioso. Rara vez vas a encontrarlos centrándose en los placeres instantáneos.

Todos tenemos envidia del rico y exitoso, sin embargo, no podemos llegar a someternos a su lucha o a los retos por los que pasan o por los sacrificios que hacen para alcanzar un cierto nivel de éxito en la vida. Entre otras cosas que contribuyen a su éxito, hay gestión del tiempo, gratificación retrasada, autodisciplina, la capacidad de superar la procrastinación y mucho más. Nos preguntamos por qué no tenemos tanto éxito como las personas que admiramos. ¿Estás preparado para renunciar a tus pérdidas de tiempo y malos hábitos? ¿Estás preparado para retrasar la gratificación como ellos? ¿Estás preparado para ser productivo y estar ajetreado cada día para aprovechar al máximo tus valiosos recursos de tiempo? ¿Tienes lo que se requiere para retrasar la gratificación de corto plazo por el éxito a largo plazo? Usa tus recursos de tiempo de manera inteligente si realmente deseas tener éxito.

No estás terminando muchas cosas viendo Netflix durante horas o en los juegos virtuales a menos que seas un guionista / escritor /creador de películas o juegos virtuales. Canaliza cada minuto para optimizar tu productividad. Esto puede acelerar tu camino hacia el éxito. Sí, no se puede negar que las cosas pueden ser un poco abrumadoras a veces. Cuando comiences a sentirte abrumado o intimidado por la tarea en cuestión, toma un breve descanso o una siesta. Recupera tus sentidos y vuelve a la tarea con renovada energía y entusiasmo.

Si has leído el libro del autor Charles Duhig titulado *The Power of Habit*, habla sobre los hábitos clave que entrelazan todas las otras piedras. Estas piedras angulares no solo nos ayudan a desarrollar otros hábitos productivos, sino que también nos ayudan a deshacernos de los hábitos improductivos. Al concentrarse en los hábitos que son piedra angular, aprendemos a gestionar nuestro tiempo en general de manera eficiente, lo que hace que la creación de hábitos relacionados con la gestión del tiempo, la procrastinación , y la productividad mucho más fácil.

Entrena y desarrolla el otro lado del cerebro también. Por ejemplo, pasa tiempo aprendiendo habilidades que están más allá de tu zona de confort o algo que no esperarías que hicieras. Por ejemplo, si eres médico, pasa algún tiempo liberando la tensión aprendiendo la danza. Del mismo modo, un pianista puede aprender taekwondo. Dedica tiempo a actividades que estén más allá de tu zona de confort para entrenar tu cerebro a adquirir nuevas habilidades.

7. Obtén inspiración cuando te sientas flojo. Ve a YouTube, LinkedIn o Ted Talks cada vez que encuentres tu espíritu decaído. Estos pueden ser excelentes recursos para volver a la pista de inspiración. Es difícil hacer cosas cuando el disco interno está agotado. Identifica formas de encender tu fuego concentrándote en contenido inspirador y buscando motivación. Leer sobre las historias de éxito y las acciones de otras personas puede devolverte al modo de acción al encender el fuego en tus entrañas.

También me gusta la idea de conseguir un mentor que pueda guiarte, hacerte responsable y mantenerte al día con tus tareas. Es bastante fácil distraerse y desanimarse cuando no hay nadie que lo guíe. Sin embargo, cuando podemos confiar en alguien para guiarnos (quienes han pasado por la rutina), tendemos a ser más proactivos, comprometidos y responsables. Siempre nos mantiene motivados e inspirados para mantenernos en el camino correcto. Encuentra un mentor que pueda mantenerte alineado con tus tareas y objetivos.

8. Establece una rutina matutina. Esto no es una exageración, pero la manera en que comiences tu día determinará en gran medida cuán productivo o valioso serás durante todo el

día. Será establecer o ajustar el impulso con respecto a cuanto te las arreglarás para incluir en el día.

Evita quedarte dormido. Por mucho que sientas la tentación de presionar el botón de repetición y dormir unos minutos más, levántate y ponte en marcha. Quedarse en la cama te hará sentir más letárgico y somnoliento, sin mencionar que puedes terminar durmiendo nuevamente. Será más difícil despertar una vez que suene la alarma.

Comienza con algunos ejercicios para sentirte renovado y rejuvenecido. Arrancará tu región de actividad cerebral y aumentará el metabolismo. Incluso una carrera corta o ejercicios en el sitio pueden ser útiles. Aprovecha al máximo tu rutina matutina para marcar el ritmo de todo su día. Recomiendo que surja antes de que otras personas en la casa se despierten. Este puede ser tu mejor y más productivo momento para hacer las cosas.

Este también es un buen momento para planificar las actividades de su día o practicar yoga / meditación. Responda correos electrónicos o cree un plan de acción para el día antes de que comience. Si tiene poco tiempo y tiene muchas cosas para el día, organícese. Haga una lista bien planificada y organizada al concentrar sus esfuerzos y energía en tareas urgentes y de alta prioridad para el día. Identifique las tareas importantes de los mandados y programe las últimas alrededor de las primeras.

Identifica las tres cosas más importantes que deben hacerse durante el día. ¿Cuáles son las cosas que realmente quieres hacer al final del día? Haz de estas tareas su prioridad. Todo lo demás puede esperar. No intentes hacer más de lo que puede manejar durante el día. Te sorprenderá la cantidad de progreso que harás con tu gestión del tiempo simplemente siguiendo este consejo.

9. Crea una rutina. Éste parece lógico para mí; sin embargo, es divertido cómo muchas personas no lo hacen. Es más probable que aproveche al máximo su tiempo siguiendo una rutina clara. Si no hay un horario fijo para las actividades durante el día, terminarás perdiendo mucho tiempo al tener poco control sobre tu tiempo. Establece un horario claro para las actividades durante todo el día. Esto asegurará que hagas todas las paradas para hacer las cosas. Programa cada día como si estuvieras planeando un evento importante. Desde el momento en que necesitas vestirte y salir a la hora del almuerzo para establecer una línea de tiempo para las tareas, todo debe organizarse.

Conclusión

Gracias por descargar este libro.

Espero sinceramente que haya podido ayudarte a saber más sobre cómo eliminar la procrastinación y entrar en modo de acción para aumentar tu productividad general, la gestión del tiempo y las posibilidades de éxito. Hay muchas estrategias reales y accionables que puede comenzar a usar de inmediato. He incluido varios planes de acción, estrategias prácticas, y técnicas probadas para aumentar tu músculo de productividad que puede ayudar a lograr sus objetivos.

El libro está repleto de una gran cantidad de trucos útiles para la gestión del tiempo, impulso de la productividad, anti-procrastinación y autodisciplina que te ayudarán a embarcarse en el camino de la productividad de inmediato.

El siguiente paso es tomar acción. Una persona que no lee es tan buena como una persona que no puede leer. Asimismo, la información sin acción es inútil. ¡Tienes que levantarte, salir y poner en práctica la autodisciplina para que funcione para ti! Tienes que sudar y darlo todo para salir con éxito. ¡Solo el metal que atraviesa la rutina se convierte en oro!

Hacer lo necesario para alcanzar tus objetivos a través de la mentalidad de crecimiento adecuado y estrategias poderosas de auto- disciplina, establecimiento de objetivos eficaces, técnicas de gestión del tiempo, hábitos positivos, perseverancia y capacidad de recuperación. Recuerda, el volante de tu vida está solo en tus manos. Lo que haces de su destino está determinado por tus palabras, pensamientos, acciones, hábitos, y comportamiento.

Por último, si disfrutaste leyendo el libro, tómate un tiempo para compartir tus opiniones y publicar una reseña. Sería muy apreciado

Brindemos por una vida más gratificante, fructífera, exitosa y llena de productividad!

Si disfrutaste este libro de todos modos, ¡siempre agradecerás una crítica sincera!

Milton Keynes UK
Ingram Content Group UK Ltd.
UKHW022330270224
438520UK00005B/90